总主编◎张颢瀚　副总主编◎汪兴国
人文社会科学通识文丛

关于**社会学**的100个故事

100 Stories of Sociology

葛修文◎编著

南京大学出版社

图书在版编目(CIP)数据

关于社会学的100个故事 / 葛修文编著. -- 南京：
南京大学出版社，2012.6(2016.1重印)
　(人文社会科学通识文丛)
　ISBN 978-7-305-09987-8

Ⅰ. ①关… Ⅱ. ①葛… Ⅲ. ①社会学－青年读物②社会学－少年读物 Ⅳ. ①C91－49

中国版本图书馆 CIP 数据核字(2012)第 100894 号

本书经上海青山文化传播有限公司授权独家出版中文简体字版

出版发行	南京大学出版社
社　　址	南京市汉口路22号　邮　编　210093
网　　址	http://www.NjupCo.com
出 版 人	左　健
丛 书 名	人文社会科学通识文丛
总 主 编	张颢瀚
副总主编	汪兴国
书　　名	关于社会学的100个故事
编　　著	葛修文
责任编辑	王大令　杨金荣　　编辑热线　025-83686029
照　　排	南京南琳图文制作有限公司
印　　刷	盐城市华光印刷厂
开　　本	787×960　1/16　印张 12.25　字数 226 千
版　　次	2012年6月第1版　2016年1月第2次印刷
ISBN	978-7-305-09987-8
定　　价	28.00元

发行热线　025-83594756　83686452
电子邮箱　jryang@nju.edu.cn

* 版权所有，侵权必究
* 凡购买南大版图书，如有印装质量问题，请与所购
　图书销售部门联系调换

江苏省哲学社会科学界联合会
《人文社会科学通识文丛》编审委员会

总 主 编 张颢瀚

副总主编 汪兴国

执行主编 吴颖文

编 委 会（以姓氏笔画为序）

　　　　　　王月清　左　健　叶南客　汤继荣
　　　　　　刘宗尧　汪兴国　陈冬梅　杨金荣
　　　　　　杨崇祥　李祖坤　吴颖文　张建民
　　　　　　张颢瀚　陈玉林　陈　刚　金鑫荣
　　　　　　高志罡　董　雷　潘文瑜　潘时常

选题策划　吴颖文　王月清　杨金荣　陈仲丹
　　　　　　李　明　倪同林　王　军　刘　洁

前 言

这是最好的时代，也是最坏的时代；这是智慧的年头，也是愚昧的年头；这是信仰的时期，也是怀疑的时期；这是光明的季节，也是黑暗的季节；这是希望的春天，也是失望的冬天……

——查尔斯·狄更斯《双城记》

置身21世纪之初，我们迎来了一个交织着困惑和期望的世界，一个充满着变革的世界。深刻的矛盾、剧烈的碰撞、社会分化的张力、科技发展对于自然环境的破坏，等等，所有这些都将我们引向对于自我和世界的思考，而这背后潜藏着一种更大的关怀——对于人类命运的美好前景的憧憬。

世界是如何形成的？为什么我们和其他人之间存在差异？为什么我们的生活环境和社会状况和前人的那么不同？社会究竟是怎样变化的？将来又会朝什么方向变化？这些问题，恰恰是作为现代思想文化重要组成部分的社会学所关心的问题。

坦率地说，一个完整的学科领域的建立并非一朝一夕，也非一己之力所能完成。然而，因为法国学者奥古斯特·孔德(Auguste Comte)创造了"社会学"这一术语，我们还是必须把他视为是现代意义上的社会学的创始人。

尽管与孔德同时代的其他社会学家，像我们所熟悉的斯宾塞、涂尔干、韦伯等在认知社会的视角和方法上和孔德不尽相同，但是对于社会学所要研究的领域，他们还是能基本达成共识的：社会学是对于人类总体的生活进行研究的一门科学。既然把作为社会存在的我们自身作为研究对象，那么社会学的研究领域也就无限宽广：从日常生活中人与人之间的接触，到都市生活中的边缘人群，再到浩浩荡荡的全球化进程。从微观到宏观，无所不包，不一而足。

当然，社会学包含着形形色色的理论观点，但社会学并不止是一个抽象的研究

前　言

领域,她对于人们的生活还是有着重要的实际意义的。大部分人都是依据自己生活中的一些熟悉的特征——一种常识来认识和解释这个世界的,我们常常都生活在"生活的惯性"之中。而社会学则是需要我们抛开个人对于世界的片面看法,从而更加仔细地考察那些塑造我们以及他人生活因素的一门学科。那意味着我们需要用更宽广的视角来理解我们为什么会是这样以及我们为什么会变成这样。她忠告我们,生活中被称为是"天意"或者"命运"的东西,可能往往是历史和社会力量的产物;那些所谓的"理所当然"或"确证无疑",实际上并非简单地就是那样。社会学,让我们听出"生活中的弦外之音"。

社会学并不要求从现象和问题中找到终极而确定的答案,唯希望超越自身和常识,用更加开阔的视野去观察现象和思考问题,换句话说,形成社会学的洞察力。因此,尝试去做一名"社会学家"并不意味着是一次枯燥乏味的学术之旅,只需要带着你的想象力,将社会学的基本理念和你自己生活中的具体情境联系起来思考就可以了。唯有多对生活中的"习以为常"问问为什么,其实人人都可以是一个出色的"草根社会学家"。

因此,本书中所选择的社会学的小故事,就不仅是对于社会学的主要研究领域和方法的一次普及,更是一次非正式的"学术训练",让你插上"社会学的想象力"的翅膀,在生活中体会"诗意地思考"所带来的精神快感。对于那些艰涩难懂的术语词汇,您所要做的就是彻底地"不求甚解"一回,并且在对这些生动有趣的小故事会心之余,静静地沉思片刻,不仅对您自身、更对您身处的社会获得意想不到的新鲜认识。

目 录

第一篇　热点透视

印度洋海啸引发的环境威胁论 …………………………… 2
手机热带来的社会身份的潜隐 …………………………… 4
六合彩赌出的弱势群体 …………………………………… 6
辱师案折射的师道尊严 …………………………………… 8
性的社会网络理论中的艾滋病 …………………………… 10
黑砖窑事件背后的政府职能缺失 ………………………… 12
李先生还没有底线公平概念 ……………………………… 14
减肥减出的身体社会学处境 ……………………………… 16
沃尔玛人文氛围里的消费 ………………………………… 18
打工打出的政治文化嬗变 ………………………………… 20
棒棒引起的"民工—市民互动" …………………………… 22
贫富悬殊里的基尼系数 …………………………………… 24
BBS上个人社会身份认定 ………………………………… 26
秋菊眼里的诉讼困惑 ……………………………………… 28
老虎就医的医学社会学问题 ……………………………… 30
找朋友的六度分隔和150法则 …………………………… 32
SARS传播的集合行为理论 ……………………………… 34
大鱼吃小鱼吃出的村庄兼并 ……………………………… 36
年羹尧的困惑：追问社会资本 …………………………… 38

第二篇　概念解析

马良神笔划出的社会文化 ………………………………… 42
蜘蛛结网：差序格局下的乡村家庭 ……………………… 44
七步跨过底线伦理 ………………………………………… 46
松鞋带是为了给他更多的话语权 ………………………… 48
两个卖蛋的经济人 ………………………………………… 50
谁给毛驴爬上屋顶的权力 ………………………………… 52

1

禁书牵扯的社会互动…………………………………………… 54
林肯的台阶——人的社会化…………………………………… 56
绕线室实验揭示出非正式组织的作用………………………… 58
袋鼠钻了公共权力中法律权力的空子………………………… 61
从乞丐违约看社会契约的作用………………………………… 63
夜郎自大拉开的无知之幕……………………………………… 65
20美元引出的资产社会政策…………………………………… 67
老鼠被吃是因为没有人格权力………………………………… 69
班长指挥司令的合法权力……………………………………… 71
女人使用操纵权力驯服了狮子………………………………… 73
酿酒酿出的小样本统计方法…………………………………… 75
卖鸡蛋的个人权利和社会权利………………………………… 77
身心对话：身体伦理的变迁…………………………………… 79
一刀戳出的社会问题…………………………………………… 81
记者的职业风险与风险社会…………………………………… 83
"社会"一词描述的社会………………………………………… 85
透过伟人家庭看社会初级群体………………………………… 87
李若谷修渠的制度问题………………………………………… 89

第三篇　理论研究

四个人分三张饼：从公平到公正……………………………… 92
安逸的美洲虎——社会分层的意义…………………………… 94
从打碎的牛奶瓶看社会的变迁………………………………… 96
一桩婚姻引发的社会整合……………………………………… 98
东山羊和西山羊的公共空间之争……………………………… 100
沧海桑田话发展………………………………………………… 102
从林肯的独断体会韦伯权力的内涵…………………………… 104
黑点白板界定国家、市场和社会的界限……………………… 106
彩票引出的居民的社会网络资本与个人资本………………… 108

目 录

三个和尚没水吃的涂尔干集体情感说 …………… 110
看电视看出日常生活批判 …………………………… 112
鱼鹰诱虾引发的实践冲突论 ………………………… 114
穷人的梦想与哈贝马斯"生活世界"的意蕴 ……… 116
洗澡的"大众社会"理论与现实 …………………… 118
从"严管妻"到"妻管严" …………………………… 120
从国王制作牛皮鞋看国家社会资本的功效 ……… 123
两个半片的子爵体现的人性 ………………………… 125
100万支票上的资本、习性与社会阶级关系 …… 127
米开朗基罗雕出文化资本化 ………………………… 129
绞绳断裂处的符号暴力 ……………………………… 131
搭便车搭出的搭便车理论 …………………………… 133
飞机引擎熄火引出的沟通行动论 …………………… 135
吃肉吃出的恩格尔定律 ……………………………… 137

第四篇 流派学说

蜜蜂寓言的曼德维尔悖论 …………………………… 140
越轨社会学下的偷渡者 ……………………………… 142
小马过河支持孔德的实证主义 ……………………… 144
短箭里的反实证主义社会学 ………………………… 146
章鱼钻进了结构功能学说的瓶子 …………………… 148
一个半朋友证明了社会交换学说 …………………… 150
旅游带来的冲突学说 ………………………………… 152
爱情发现了方法论的女性主义 ……………………… 154
高墙倒塌蕴含的安全社会学 ………………………… 156
有其父必有其子的社会达尔文主义 ………………… 158
帮助乌龟帮出的社会学干预法 ……………………… 160
借锤子借出的社会学的社会学 ……………………… 162
买柿子引发的"文明冲突论" ……………………… 164

3

目 录

从侯渊放虎归山看科尔曼的理性选择理论 …………… 166
乞巧话民俗 ……………………………………………… 168
清扫落叶扫出的社会行为主义 …………………………… 170
气球放飞的形式社会学 …………………………………… 172
买鹦鹉解读韦伯的官僚组织理论 ………………………… 174
报纸里的社会传播理论 …………………………………… 176
富人和穷人担心的社会学习论 …………………………… 178
地主眼里的城市社会学 …………………………………… 180
社会学的想象力 …………………………………………… 182

第一篇

热点透视

印度洋海啸引发的环境威胁论

环境危机的表现形式主要为环境污染和生态破坏。因人为的活动,向环境排入了超过环境自净能力的物质或能量,导致环境发生危害人类生存和发展的事实,加上人类不适当地开发利用环境,致使环境效能受到破坏或降低,从而危及人类的生存和发展的事实。

据泰国《民族报》报道,当太平洋海啸席卷泰国南部时,当地一个渔村的181名村民却早已逃到了高山上的一座庙中,从而躲过了这场劫难。

是什么赋予这些渔民神奇的预感?65岁的村长卡萨雷说,祖辈们留给他们一条古训:"如果海水退去的时候速度很快,那么海水再次出现时的速度和流量会和退去时完全一样。"

这个渔村世世代代与大海关系密切,在泰国被称作"摩根海的流浪者"。他们整个雨季都在大海里航行,从印度到印度尼西亚,然后再返回泰国。

专家认为,大量海水迅速退去的确是海啸即将发生的迹象。这个时候,许多渔民只是忙于捡拾那些被海浪冲到沙滩上的鱼,而听过古训的"摩根海的流浪者"则已经向山顶出发了。

这次海啸的发生,向人类敲响了自然环境安全的警钟。近年来环境灾害越来越多,环境威胁论也成为社会学不可回避的问题。

科学家对斯里兰卡地区海域研究后发现,这次印度洋大海啸造成的惨重损失与当地非法开采珊瑚有着直接联系,而珊瑚原本可以抵挡住最狂暴的海浪对海岸线的侵袭。珊瑚开采是斯里兰卡的一项重要产业,珊瑚直接出售给旅游者或做成旅游工艺品,给当地带来可观的经济收入,所以当地政府很少使用法律手段来制止开采珊瑚行为。

在海啸中,一个高达10米的巨浪在斯里兰卡西南部的佩拉利亚镇登陆,它在陆地上"横冲直撞"1英里(约合1.6公里)有余,并将一列满载乘客的火车冲出铁轨50米远，共造成1 700人死亡。科学家们发现，该地区海中的珊瑚礁已不复存在。而在另一个名叫希卡杜瓦的地方，由于当地的珊瑚礁被悉心呵护，在海浪抵达陆地时只有3米高，且仅向前推进了50米，未造成人员死亡。

佩拉利亚镇和希卡杜瓦两地都经历了海啸，结果却大不一样，这与海岸线的具体形状毫无关系，而与珊瑚礁的保存状况密切相关。事实证明，尽管遭受到印度洋海啸的正面袭击，但海拔很低的马尔代夫的损失相对来说却显得微不足道，其原因同样在于那里的珊瑚礁未被破坏。

不难看出，我们对生态基本规律的认识不足，使人类活动产生的总压力超过了地球环境、承载能力的可能性。同时，人口数量急剧增加，人口的压力加大，人类赖以生存的生物圈不堪重负，再加上技术的滥用，自由经济制度对利润的贪婪，导致了对大自然的严重破坏，政府行为失范，使得全球环境不断恶化。

目前，整个世界面临着一系列环境危机问题，全球性气候变暖，海平面上升，大气中二氧化碳总量逐年增加导致地球表面的温室效应；土壤过分流失和土地沙漠化扩展，森林资源日益减少；臭氧层的损耗是潜在的不可忽视的环境危害，其原因是氧氟类物质的长期排放所引起的；生物物种的加速灭绝，动植物资源急剧减少；淡水供给不足，水源污染严重；空气污染和有害废弃物危害人类的健康和安全。

小知识

孔德(1798～1857)，法国实证主义哲学家、社会学家，西方社会学的创始人，他开启了社会学实证主义传统的先河，将社会学分为社会动力学和社会静力学。人们把他尊为社会学的创始人、奠基人，或称为社会学的命名人。著有《实证哲学教程》、《实证政治体系》、《主观的综合》等。

手机热带来的
社会身份的潜隐

当代的后工业社会信息时代，其生产方式发生了根本性的变革，人的本质性内涵再一次得到了解放、延长和深化。人逐渐从"必然王国"向"自由王国"迈进。

《有一说一》的著名主持人严守一，在去电视台主持节目时把手机忘在了家里，这个小小的失误却让他的妻子余文娟发现了他与一个陌生女子间的秘密，回想丈夫在电视上笑容满面，回到家却神情恍惚；外边滔滔不绝，对着自己却一言不发，妻子似乎明白了一切，便就此提出离婚。

戏剧学院台词课老师沈雪是严守一的新任女友，两人经过一段快乐时光后，沈雪发现严守一手机的响铃方式发生了很大的变化，过去严守一的手机是放在响铃上，现在改成了震动。这使沈雪产生了猜疑和嫉妒。从此，严守一对手机和日常的谈话产生了严重的恐惧。

某出版社的女编辑武月在火车餐车上和严守一偶然相遇，严守一无心为出版社写书，但武月穷追不舍，短信频频。为让武月帮助下岗的前妻余文娟找个工作，严守一不得不答应，但从此后，他的生活也变的"恐怖"起来⋯⋯

以上是电影《手机》里的故事情节。影片透过手机，长出了许多嘴，都在说话，有说假话的，有说实话的，有不爱说话的，有话中有话的，也有说心里话的，但都淋漓尽致地揭示了嘴和心的关系。但说话人的身份，朦胧而模糊，只闻其声，未见其人。

故事中，手机主人和其他的手机持有者，在彼此身份隐蔽的情况下，透过手机发生了某种关系，这种身份的潜隐，是信息高度发达的结果，是信息社会社会属性发生变化的结果。人有二重性（自然属性与社会属性），其中社会性是人的本质属性。"人就是各种社会关系的总和"，而具体的人也就是个体人的社会性的生成，就是人在社会环境中，在生产与生活中，在人与人的交往交流中结成的关系。当代的后工业社会信息时代，其生产方式发生了根本性的变革，人的本质性内涵再一次得到了解放、延长和深化。

　　社会身份和社会阶层是社会学中常见的概念，社会身份在马克思经典哲学里面主要是指在社会中特别是在阶级社会中个人的经济地位和状况（包括财产的多少等）和政治地位（主要是权利的大小），在实物时代，人们的地位主要由其可表征的经济实力和政治权利决定，一般而言，社会地位与社会身份成正比，社会地位越高也就是他或她的经济实力和政治权利越强，那么他或她的社会身份就越尊贵。所以，在传统的社会里有社会身份的标识，高社会身份者与低社会身份者之间有明显的鸿沟，他们之间的交往往往很少，而且有很多阻碍，地位卑微者往往不敢登地位高贵者之厅堂，同样，地位高贵者也不愿光顾地位卑微者之寒舍。在信息时代里，这种明显的社会标识逐渐被现代通讯技术所遮蔽，走向潜隐。

　　通讯技术虽然在特定的社会里会打上社会意识形态，但是它的存在形态是隐性的，难以被大众所察觉。手机出现之初虽然也有些社会身份表征的意味，因为那时手机使用率非常低，而且非常昂贵，一般大众消费不起，但是随着手机技术的发展，使用手机逐渐普及，就出现了手机热的现象。而手机热的出现更加推进了社会身份走向潜隐！

小知识

　　霍布豪斯（1864～1929），英国政治思想家、哲学家、社会学家。他的理想是建立一种自由主义式的民主社会主义。他既反对帝国主义和垄断，也反对马克思的共产主义、费边社会主义。他是20世纪最具影响的现代自由主义思想家，英国新自由主义的主要代表。著有《论劳工运动》、《民主与反动》、《自由主义》、《社会演进与政治理论》、《冲突的世界》、《形而上学的国家理论》、《社会正义之要素》等。

六合彩赌出的弱势群体

所谓弱势群体,即由于某种因素的缺陷而导致行为人在社会竞争中处于被动不利地位的人群。弱势群体一般具备收入低、职业差、文化程度低等特征。这个群体的产生是一种极为复杂的社会现象,是多种社会因素促成的结果。

"再也不赌'六合彩'了,那是骗人的东西!"来自五华的刘某话别医护人员,重新回归"马路天使"的角色。

刘某与妻子在东莞当了20年环卫工。两人每月工资有2 000多元,日子过得还算滋润。有一次,夫妻俩扫地时捡起许多四开小报,便拿到废品站去卖。有人告诉他们,这是教人如何买码发财的码报!直到这时,老实巴交的刘某才知道什么叫"六合彩"。

一天收工后,刘某神秘兮兮地与妻子商量,先买200元"六合彩"试一试:中了,发点小财;亏了,他就把烟戒掉。其妻想,反正吸烟也没好处,买"六合彩"还有一搏,便表示同意。

开奖了,刘某当然没中奖。可他不但未能戒烟,反而因懊恼吸得更凶了。妻子开始骂他。为挽回损失和面子,他又背着妻子下注,结果还是没中。愈输心理愈不平衡。随着一次次下注、一次次失败,刘某连续亏了三四千元。妻子愈骂愈凶,刘某头脑更热,坚信迟早会中奖。

扫街、吃饭、睡觉,刘某都想着"六合彩",以致一连几天未合眼,开始精神恍惚,甚至出现幻觉。他胡言乱语,满街乱跑,逢人便大喊大叫,声称自己一定会中大奖。同在东莞打工的亲朋只好将他强行送医院。

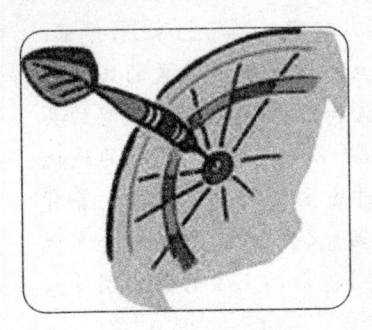

在香港,"六合彩"不过是一种普普通通的彩票,传到大陆后却成了赌博,具体的过程比较复杂,但不外乎是彩民压赌,中彩则从"蛇头"那里获得几十倍的丰厚赔偿,不中彩则将赌资输给"蛇头"。"六合彩"的出现,造成了严重的社会问题:因倾家荡产走上自杀之路的人不在少数;输得连孩子学费都交不起的家庭更是多不胜数。赌徒心态的蔓延,影响了正常的生产和生活,造成了整个地区的经济陷入停滞,甚至出现了倒退。

为什么会出现这种现象呢?本来,经济的投机是十分正常的现象,但弱势群体由于自身的特殊性,往往成为投机活动的牺牲品。弱势群体的特殊性在于他们普遍存在着低文化素质的特征。现代的投机方式注定弱势群体的失败。因为弱势群体几乎不可能透过投机获取利益,事实上不倾家荡产已经很不错了。因为投机有两个弱势群体难以具备的前提:充足的可迅速调配的资金,以及复杂的投机决策及投机技巧。

所谓弱势群体,即由于某种因素的缺陷而导致行为人在社会竞争中处于被动不利的地位的人群。弱势群体一般具备收入低、职业差、文化程度低等特征。这个群体的产生是一种极为复杂的社会现象,是多种社会因素促成的结果。

社会资源的稀缺与社会成员的众多形成了剧烈反差,不可避免地导致社会竞争的残酷化,于是便出现"强者更强,弱者更弱"的恶性循环。弱势群体处于社会的不利地位,现有社会条件又不足以马上改变他们的境况,因此弱势群体被逼上梁山,进行社会越轨行为,最后发展至犯罪的倾向性十分强。

将发财梦寄托于用少量资金就可能带来巨大财富的彩票投机上,是目前弱势人群中一种相当流行的心态,彩票是会使极少数人获得意外之财,但如果把这当成改变弱势群体状况的途径,无疑是荒谬而又可笑的。彩票非但不能为弱势群体创造财富,反而起着相反的作用。但社会现实中的某些弱势群体却是在实践这个简单的道理。

小知识

哈罗德·拉斯韦尔(1902~1977)是一位著名的政治学家,也是一位社会学家、心理学家和传播学者。传记作家形容他为"犹如行为科学的达尔文"。他与勒纳、史皮尔合写的《宣传与传播世界史》三册巨著正式出版发行,从而将宣传与传播研究推向了一个新的高度。

辱师案折射的师道尊严

国人的尊师不是对作为个体的教师本人的尊重,而是对"师"的地位的尊重。"师"是相对于"生"的一种被神圣化的权力,教师只有作为抽象的"师"的代表,而不是具体的"师"才受到国人的尊敬。

2007年5月25日下午4点,网络上出现一段4分55秒的视频录像:这是一堂地理课,一个班大约20名学生,睡觉的,说话的,打闹的,乱成一团,还有人无聊地在教室走动拍摄录像。

第一排右一是一名瘦弱、皮肤黝黑的男生,左耳戴着耳环。他背后的同学边对其拍摄边说,"这就是×××地理课。看表演啊。"

戴耳环男生随即走到讲台上,挑衅正在讲课的约六旬的老师——一把摘掉老师的白色帽子。全班学生哄堂大笑。

后来这名男生又对老师动手,被视频拍摄者劝阻。

整个过程中,视频拍摄者在教室内随意走动,几个学生在镜头前摆pose,一名男生用矿泉水瓶砸向老师,耳环男生指着老师喊叫"那就一SB!弄死他。"而老师则一直埋头讲课。

"你们不要影响别人。"这是这段4分钟的视频内,这名老教师唯一一次抗议。

视频被公布后,很快在网络上引发了一场大规模的网络事件。

经网友搜索查证,此辱师案发生在北京市海淀区艺术职业学校。很快网友以发帖谴责、签名抗议、黑客攻击、建立专题网站等方式发泄愤怒。

这段视频让网民震惊,并引起网友的热议和愤慨。有网友指出视频内容发生在海淀艺术职业学校"全能班",还有网友公布出"当事人"的姓名、家庭住址以及电话号码。一个网络论坛还组织万人签名声讨海艺全能班。

尊师是中华民族的传统美德,国人的尊师不是对作为个体的教师本人的尊重,而是对"师"的地位的尊重。"师"是相对于"生"的一种被神圣化的权力,教师只有作为抽象的"师"的代表,而不是具体的"师"才受到国人的尊敬。

由于这种传统的尊师观念的影响,在我们的课堂上,教师与学生的权力是不对称的,而且,这种不对称的课堂权力结构也得到了社会的默认与支持。于是,在课堂上，教师掌握着"话语霸权"，成了一个被神圣化了的核心。这种不对称的权力结构决定了教师的授课方式，即"灌输式"或"填鸭式"教学——本来应该是教师与学生之间的对话与交流的教学活动，成了从教师向学生的信息单向流动。从某种意义上来说，这种教学方式将成为培养学生被动与服从性格，从而扼杀学生的主体性与创造力的温床。另一方面，师生间这种不对称的权力结构也使教师对学生的体罚合理化了。旧时的私塾老师拥有一厚一薄两根戒尺，薄的用来打学生的手掌，厚的用来敲学生的脑袋。现在，教育行政部门虽然禁止对学生进行体罚，但由于文化的惰性，教师体罚学生的权力仍然有着强大的社会心理的支持。正因为如此，教师体罚或侮辱学生的事件才会屡禁不止。

在这种权力结构下成长的青少年，会形成一种叫"权威型"的"人格模式"。具有这种人格的人，他的行为方式往往取决于外在的压力，而不是内在的自觉。一方面，他具有受虐狂的倾向，另一方面，又具有虐待狂倾向。到底表现为那一种倾向，则视当时的场景而定。学生侮辱老师，表面看来似乎颠覆了师生之间的权力关系，其实不然，这次偶尔的"狂欢"正是这种不对称权力结构的产物，并且强化了这种权力结构。这些辱师的学生，一直以来就是被这种不对称的权力结构边缘化和被教师侮辱的学生——在他们的心里，只有对权威的尊重，不可能产生对"人"的尊重这种观念。如网络新闻所示，当权威在某种情况下不再被认为是权威时，他们便表现出了自己虐待狂的一面，那位可怜的老教师不过是师生间这种不对称的权力结构的牺牲品罢了。

只有当师生之间不对称的权力结构被打破，师生作为平等的个体自由地进行对话与交流，作为个体的人本身的尊严得到尊重，课堂不再是控制与反控制的游戏时，老师体罚或侮辱学生的现象才会逐渐消失，学生也才会真正地尊重老师，即把老师作为具体的人而不是抽象的权威来尊重——学生侮辱老师的情况自然也就不会发生了。

小知识

查尔斯·罗伯特·达尔文(1809～1882)，英国博物学家，进化论的奠基人，机能心理学的理论先驱。主要著作有《物种起源》《动物和植物在家养下的变异》《人类的由来和性选择》《人类和动物的表情》等。

热点透视

性的社会网络理论中的艾滋病

有多个性伴侣关系的个体，实际上是被他们的人际性行为给网络化地组织起来了。如果艾滋病在某个性网络中传播开来，或者从另外一个网络传播进来，那么女性就会更多地成为被动的"终端受害者"。

几周前，小恩科西出现了腹泻症状，他瘦小的身躯已经被病魔折磨得不成样子了。这是他走向死亡的前兆。

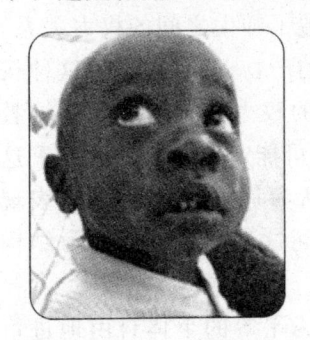

到5月底，与病魔抗争的小恩科西仍想对前来看望他的人展现笑脸，但他笑得是那么的不自然，因为他的嘴唇抖动得厉害。

最后几天，他的身体不停地抽搐，甚至已经没有力气翻一下身子。他与养母约翰逊的交流也出现了困难，只能将养母的手轻轻地握一下。

"也许他已经跑完了自己的比赛，再让他跑下去已经不可能了，"约翰逊这样说，"他已经尽了力，他向大家表明了艾滋病的另一面，告诉大家艾滋病不会对任何人区别对待，不管你是什么种族、年龄多大，都有可能被它缠上。同时，他还给了许多人以希望，因为直到最近，他才开始用上昂贵的药物。对于许多人来说，他是一位小英雄，因为他竟然能挺了这么长时间。"

6月1日这天，小恩科西终于永远地去了，12岁的他此时只有22磅！看到那么一张大床上躺着这么一个小东西，任谁都会忍不住落泪。约翰逊说："他离开我了，我非常悲痛，但这也是一种解脱，因为他不用再遭受折磨了。"

南非前总统曼德拉在接受记者采访时表示："又一条年轻的生命离我们去了，这太可怜了。一个人究竟该如果面对天灾，恩科西就是榜样。"

艾滋病在世界上已经肆虐多年。但是，艾滋病给社会学界带来的，不仅仅是"搭乘艾滋病列车"的机会，更是对许多既存的社会学研究成果的挑战。

国际上在研究艾滋病问题的过程中，最初把具有感染艾滋病的高风险行为者的计量单位称为"个人"或者"人群"，后来又称为"群体"，再后来又称为"人口"。现在则是怎么称呼的都有。这里面当然有对于人数增长的考虑,有避免歧视的考虑,有对传播途径构成的变化的考虑,但是也反映出,如何在社会网络中给这些人定位,存在不同意见。

其结果是,多年来防病工作的具体方针也总是摇摆不定或者各行其是。相信"高危行为者"并不存在社会组织的人,往往强调"人人预防,一个都不能少"(其中又更加强调青少年);可是,认为社会组织已经形成的人,却更愿意针对吸毒者和多性伴侣者(其中又集中指向性产业的参与者和同性性行为者)。

直到"性的社会网络理论"的出现,情况才有所好转。该理论认为:具有多个性伴侣关系的个体,实际上是被他们的人际性行为给网络化地组织起来了。

例如本故事里的小恩科西,作为一个独立的个体,他并没有经历过性生活,表面看他处于性的社会网络之外,但我们考察他被感染艾滋病的途径之后,就会发现问题所在了。小恩科西是在母亲体内被感染的,他的母亲除了自己的丈夫,并没有与第二个男人发生过性关系。他母亲处于性的社会网络的终端位置。然而问题就出在他的父亲身上。他父亲曾与多名女子有过性行为,在他父亲的性的社会关系网中,艾滋病在悄悄地蔓延,小恩科西被感染就不足为奇了,在此我们可以看出,由于女性的性伴侣人数普遍少于男性,因此,她们更多地是处于性网络的边缘,而不是中心,也更少成为"桥梁人"。也就是说,如果艾滋病在某个性网络中传播开来,或者从另外一个网络传播进来,那么女性就会更多地成为被动的"终端受害者"。如果再把母婴传播考虑进来,那么女性所受到的伤害就是双重的。小恩科西的不幸就源于此。

性的社会网络理论可以简单表达为:跟不同的人做爱,会有不同的方式,当你跟第二个人做爱的时候,你已经不是原来的你了。同时"性"不是你自己的,也不是你们两人的;反而是一做爱,你们就"上网"了。

小知识

伯特兰·阿瑟·威廉·罗素(1872~1970),第三代罗素伯爵,是20世纪最有影响力的哲学家、数学家和逻辑学家之一,同时也是活跃的政治活动家,并致力于哲学的大众化、普及化。

热点透视

黑砖窑事件背后的政府职能缺失

政府职能缺失的主要原因是缺乏规范化、系统化和制度化。政府管理职能的重要内涵在于建立起能够处理和解决各种复杂社会问题的制度系统，构建社会利益表达与协调机制、社会响应机制、危急事件应急机制。

一群十五六岁的孩子，在砖窑里搬动砖坯。他们每天工作十几个小时，稍有怠慢就会棍棒加身，有的被监工暴打致傻或致残。他们蓬头垢面，有的身上还穿着沾满尘灰、破烂不堪的校服。他们中间，甚至还有八九岁的孩子。这是发生在山西南部几百座黑砖窑里的真实故事。

呼救信：《谁来救救我们的孩子？》节选：

我们是那些不幸被骗到山西黑窑场做苦工的孩子们的父亲，我们的孩子因为年龄小、涉世未深，只身在郑州火车站、汽车站、立交桥下、马路边等地方被人贩子或诱骗或强行拉上车，以500元的价格被卖到山西黑窑场做苦工。自孩子失踪以来，我们放弃了一切，背井离乡，走遍大江南北寻找孩子的下落。在历经艰难的寻找之后，我们终于得到了确切的消息，孩子是被人贩子卖到山西黑窑场做包身工了。

据了解，黑窑场透过介绍工作等诱骗方法，招收一些找不到工作的打工者特别是未成年人，然后限制其人身自由，集中关闭在窑场里劳动。这些打工者不仅得不到工钱，还受尽折磨。

之所以会出现如此野蛮恶劣的行径，政府职能缺失是重要原因。不该管的却管了，该管的却不管——这就是政府职能的偏差与缺失。

黑窑主必须受到法律的惩罚，这一点不容怀疑。但那些渎职、同黑窑主在一条利益链上，助纣为虐的官员，在打击黑砖窑非法用工专项行动中能否受到严惩，是公众最关注的。一个法制社会绝不允许惨无人道的虐工现象，杜绝此类现象靠的是日常的监管，而不是惊动中央高层后的一次次运动式整治。

山西黑砖窑的存在，已经不是一天两天，甚至不是一月两月，乃至于不是一年两年。"在这些手脚并用、头发长得像野人一样的孩子中间,有的已经整整和外界隔绝了七年",牵涉的地区之多,奴隶童工人数之众,持续时间之长,山西的各级地方政府、公安部门、劳动监察部门居然"充耳不闻"、"稳坐泰山"。

其实,只要县、乡政府是个责任政府,这种黑煤窑、黑砖窑就不会存在,自然更不会出现打死媒体工作人员,出现现代包身工这样令人发指的事件。不幸地是,这种黑窑就在县、乡干部眼皮子底下,这种惨绝人寰的恶劣事件就发生在他们管理的地域内。

政府职能缺失的主要原因是缺乏规范化、系统化和制度化。它具有两个显著的特点:一是短期性。政府在短期内最大限度地动员权力资源,对某些"久治不愈"的管理顽症集中清理整顿;二是被动性。政府往往在社会问题产生后,运用强制性的行政权力调控社会行为,维护社会秩序,填补管理漏洞。这种缺乏规范性和系统性的管理方式没有充分考虑到市场的信息结构和社会的机会成本,往往造成社会管理的总体无效率。

政府管理职能的重要内涵在于建立起能够处理和解决各种复杂社会问题的制度系统,构建社会利益表达与协调机制、社会响应机制、危急事件应急机制;以现代公正理念为基本立足点,形成整体化、体系化和规范化的社会政策;建立一套激励性制度框架(如社会公示制度、社会听证制度、专家咨询制度等),以制约行政管制的滥用,形成良好的社会预期和社会信任。

小知识

利林费尔德(1829～1903),德国血统的俄国社会学家,社会有机论的代表人物之一。他认为如果没有有机体原理,要想建立任何一种科学的社会学都是不可能的。著有《对未来社会科学的思考》、《社会病理学》、《捍卫社会学的有机方法》。

李先生还没有底线公平概念

公平底线是全社会除去个人之间的差异之外,共同认可的一条线,这线以下的部分是每一个公民的生活和发展中共同具有的部分。一个公民如果缺少了这一部分,那就保证不了生存,保证不了为谋生所必需的基本条件。因此需要社会和政府来提供这种保障。

他最近想养猫,一个朋友为他介绍了一只。为此他见到猫和它的主人李先生。李先生对他百般盘查,他的太太坐在角落的一张椅子上,不停摇头。正在他以为要被拒绝的时候,李先生同意了他的申请。

李先生说,他们夫妻失业几年了,最近想申请低保,但"街道"的人说,他不能养猫,也不能养狗、鸟、金鱼、乌龟,等等。李先生复述了一句话:"政府的救济是给你们吃饭的,不是拿去喂狗的。"有点刺耳,他同意李先生这一感受,并忿忿地想,为什么乌龟也不可以养,没见到乌龟吃什么东西。

李先生所在城市的低保标准是220元。这个数字的确定,大概和月人均食品支出有关。

每人220元,不是李先生家实际得到的。要扣除李太太去早市卖钥匙链的收入,扣除李先生送牛奶的收入,扣除这一家人其他各种可疑、不固定、但碰巧可以查明的收入。后来,李先生在电话中告诉我,他得到的实际数字是每人每月75元,全家300元。

民政部门宽宏大量,允许低保户安装电话。在有的地方,这是不可以的。在南京,李先生得不到低保,因为他吸烟;在太原,他也得不到低保,因为他有两个孩子;在成都,他可能得不到低保,因为他的电话是一部小灵通(我不清楚在成都小灵通算不算"手机");要是在成都的青羊区,他还可能因为另一种原因得不到低保:他的体重超过75千克,属于"太胖"之列。

他们觉得贫困是一种个人缺陷,或者说,社会中的贫困现象不过是单个人的问题的累积,是可以通过个人的努力而消除的。这种想法,能从他们对待申请者的态度上看得出来,那些谆谆的告诫,和气的训斥,习惯性的摇头。

"我们不养懒汉。"一位工作人员说。其实,不鼓励懒汉,与不养懒汉,是两件事。懒汉也不能任其饿死,这是一个国家对其成员的义务。而他接触到的几位工作者,都不像在把发放低保看作完成社会的义务,更像是在施恩。

李先生还没有底线公平概念

人们普遍接受的政策是,随着经济的发展,由政府对国民收入实行"二次分配",藉以实现"公平分配",亦即主要在经济意义上的公平。而在"二次分配"中,社会保障制度又是一个得到普遍认可的制度。因此,人们自然而然地认为社会保障制度的理念基础就是社会公平。

"底线公平"虽然最终要落实到每个人的实际利益上,但它直接处理的并不是个人与个人之间的关系,而是社会与个人之间的关系(权利与责任)、政府与社会和个人之间的关系。

在相当大的意义上,贫困人口只是一些在为社会的缺陷承担部分代价的人,如果社会抛弃他们,他们也将会抛弃社会。人类理解这种社会关系的实质,已经有数百年了,此时此地,显然仍在理论家的大脑中,多数人的看法,与百年前没有什么两样。李先生本人,也不知道接受救助是他应享的权利。

所谓公平底线,是全社会除去个人之间的差异之外,共同认可的一条线,这条线以下的部分是每一个公民的生活和发展中共同具有的部分——起码必备的部分,其基本权利必不可少的部分。一个公民如果缺少了这一部分,那就保证不了生存,保证不了温饱,保证不了为谋生所必需的基本条件。因此需要社会和政府来提供这种保障。

所有公民在这条底线面前所具有的权利的一致性,就是"底线公平"。

"底线公平"不能说是最低水平的社会保障。底线公平是指社会保障制度和项目中,有些是起码的、不可缺少的,这些制度和项目可能意味着较低的保障水平,但也可能保障水平并不低。总之,"底线公平"不是就保障水平高低的意义而言的,而是就政府和社会必须保障的、必须承担的责任的意义而言的,它是责任的"底线"。

那么,"底线公平"所包含的制度性内容是什么? 第一,最低生活保障;第二,公共卫生和大病医疗救助;第三,公共基础教育(义务教育)。而李先生享受的就是其中的最低生活保障。

小知识

雷德菲尔德(1897~1958),美国人类学家,社会学家。他致力于农村社区的研究,他在对农村文化向城市文化变迁的研究中,区分了民俗社会与都市社会,将两者看作文明的连续统一体。著有《尤卡坦的民间文化》《小社区》《农民社会和文化》等。

减肥减出的身体社会学处境

身体变成了无本质之物，它是消费政治对之进行了重塑之后的产物，另一方面，它又压抑、规驯并塑造着消费政治。

大胖子刘易斯，体重120千克，多年来千方百计想减肥，可惜毫无效果，心里甚觉苦恼，深感生活毫无乐趣，欲寻短见。后来，他听朋友介绍城里有一家"美乐减肥中心"，效果不凡，于是慕名前往。

中心经理热情接待了刘易斯，对他说："刘易斯先生，我们完全有信心为你减肥。现在请你到财务小姐处交款，她会指导你如何做。你放心，如果日后达不到目的，我们保证把费用退还给你。"

刘易斯甚为高兴，连忙去交款。果然，财务小姐收款后，笑容可掬地对他说："刘易斯先生，请你明天早上八点准时在家等候，到时我们中心会有人登门指导。"

第二天上午八点，果然有人敲刘易斯家的门。

"刘易斯先生，你好。"一位身材苗条的妙龄女郎嗲声嗲气地向刘易斯打招呼，"从今天起，我跑，你追，如果你能追上我，我就嫁给你，好吗？"女郎边说边向刘易斯送上温馨的一吻。

刘易斯顿时被女郎弄得心花怒放，神魂颠倒。于是满口答应，一场追跑运动开始了。

第一天，刘易斯跑不了几十米便大叫追不上；第二天再跑，仍然力不从心，没有办法追上女郎。于是第三天、第四天、第五天……，足足跑了五个月之后，刘易斯体重终于减了25千克。现在，他身轻如燕，身体结实，容貌俊俏，神情潇洒。他甜滋滋地想：明天我一定能追上那个妙龄女郎，到时，她可就成为我的妻子了！刘易斯越想越开心，兴奋得睡不着觉。

一天早上八点，门铃准时响了，可谁知站在刘易斯面前的并不是那位女郎，而是一个足有130多千克的胖女人。胖女人吻了一下刘易斯，娇声说："美乐减肥中心告诉我，今天开始，我们一起跑步，只要我能追求上你，你就会成为我的丈夫，来吧，我的美男儿。"

消费社会，对身体的物质性打造可谓变本加厉，它已经远远超越了身体作为本能所需要的限度，染发剂的诞生、医学美容术的发展、食品工业的进步等等，身体被食物、衣物、化妆品等过度打造，后工业时代，身体似乎获得了前所未有的款待，成了当之无愧的消费主体。也因为身体的这种消费属性，身体越来越成为政治物，它的自然属性被自己的消费行为改写甚至被消灭，它越来越和自己的本性相脱离，甚至成为自我本性的反对者——身体也因此成为自我消解、自我分延、自我疏离之物，身体制造了自己的后现代处境。

身体变成了无本质之物，它不再规定自身，也不再反对自身，它变成了后现代世界中的没有规定性的空无。它透过再造自己的幻想而让自己在后现代消费政治中成为核心的景观之一。

在后现代景观中，消费政治是主导一切的力量，它主导身体行为、身体伦理、政治身份的建构以及认同，在这个层面，身体是被塑造、被建构起来的；但是，它在某种层面上，消费政治又是极其身体化的，它又遵从着肉身需要（欲望）的逻辑，这一点上，后现代消费政治和启蒙、革命时代都不一样，在启蒙和革命时代，身体话语是没有什么发言权的，它是政治话语需要压抑和消灭的对象，而后现代消费政治对身体话语则是鼓励的，它甚至主动从身体话语中寻求突破、发散、多元杂糅和狂欢的力量。

身体在启蒙叙事、革命叙事之后，找到了消费政治这个栖身之所，在消费政治的宏大叙述之流中，它被规驯、疏导、开放、开发、怂恿，它成了消费政治的一个符号载体——它是消费政治对之进行了重塑之后的产物，另一方面，它又压抑、规驯和塑造着消费政治。身体并不是自然物，而是社会建构的产物，但是，人们也发现，它同时也是建构者，它总是与权力紧密联系在一起，在消费政治中身体话语拥有极高的表述权。

小知识

勒普累(1806~1882)，法国社会学家、工程师。19世纪对社会现实进行经验研究的先驱者之一。他对社会学的调查方法作出了重大贡献，被各国社会学家所效仿。他对社会改革的各种设想和看法均以经验材料为基本依据，并涉及宗教、财产、家庭、社团、私营企业和政治等问题。著有《欧洲工人》、《法国的社会改革》、《家庭的组成》和《人类的基本政体》等。

17

沃尔玛人文氛围里的消费

　　文化因素对市场经济过程的一个重要作用,表现在其对于人们消费行为的影响上。文化的这种作用尤其突出地表现在人们的消费需求和消费选择上。

　　一个星期天的早上,阿肯色州哈里逊沃尔玛商店的药剂师杰夫接到店里打来的电话,一名店面的同事通知他,有一个顾客,是糖尿病患者,不小心将她的胰岛素扔进垃圾箱处理掉了。杰夫知道,一个糖尿病患者如果没有胰岛素就会有生命危险,所以他立即赶到店里,打开药房,为这位顾客开了胰岛素,这只是沃尔玛商店所遵循的日落原则的众多事例和方法之一。

　　日落原则是创始人山姆·沃尔顿对那句古老的格言"今天的事情今天做"的演绎。它还是沃尔玛文化的重要组成部分,是一种向顾客证明想他们所想,急他们所急的一种做事方法。

　　在沃尔玛,每天都会收到许多顾客来信,表扬员工所做的杰出服务。在这些来信中,有些顾客为员工对他们的一个微笑、或记着他们的名字、或帮助他们完成了一次购物而表示谢意;还有一些为员工在某些突发事件中所表现出的英勇行为而感动——例如,塞拉冒着生命危险冲到汽车前勇救一个小男孩;菲力斯为一位在商场内突发心脏病的顾客采取了 CPR 急救措施;卓艾斯为让一位年轻妈妈相信店内的一套餐具是摔不破的,而将一个盘子扔到了地上;安妮特为让一位顾客能为自己的儿子买到称心的生日礼物而放弃了为自己儿子所买的电动骑兵玩具。

　　许多年过去了,山姆·沃尔顿所倡导的"盛情"服务依然激励着所有沃尔玛人为之不懈努力。

　　他说:"让我们成为最友善的员工——向每一位光临我们商场的顾客奉献我们的微笑和帮助。为顾客提供更好的服务——超越顾客的期望。我们没有理由不这样做。我们的员工是如此的出色、细心周到,他们可以做到,他们可以比世界上任何一家零售公司做得更好。超越顾客的期望。如果你做到了,你的顾客将会一次又一次地光临你的商场。"

　　每当山姆·沃尔顿巡店时,都会鼓励员工与他一起向顾客作出保证:"我希望你们能够保证,每当你在三米以内遇到一位顾客时,你会看着他的眼睛与他打招呼,同时询问你能为他做些什么。"这就是"三米微笑原则",它是山姆先生从孩提时就得到了印证的原则。

　　山姆先生在参观韩国的一家网球工厂时,发现工厂里的工人每天早上聚集在一起欢呼和做体操。他很喜欢这种做法并且急不可耐地回去与同事分享。他曾经说过:"因为我们工作如此辛苦,我们在工作过程中,都希望有轻松愉快的时候,使我们不用总是愁眉苦脸。这是'工作中吹口哨'的哲学,我们不仅仅会拥有轻松的心情,而且会因此将工作做得更好。"

在市场交换中,人们所共同持有的观念、认识模式、相互关系等为市场创造了一个可靠的框架。从宏观的角度来看,市场体系要求一套行之有效的技能、策略及制度,而这些都是与文化因素分不开的。

文化因素对市场经济过程的一个重要作用,表现在其对于人们消费行为的影响上。经济消费作为一项人类的社会活动,自然也掺杂着各类文化因素,而不仅仅是单纯地把商品消费掉这一行为。文化的这种作用尤其突出地表现在人们的消费需求和消费选择上。

事实上,任何一种消费行为都具有一定的符号象征意义。在人们的消费决策过程中,成本与收益的核算当然占据着重要的地位。然而,购买者对消费品的选择,并非每次都是经过理性边际成本运算的结果。比如,广告与营销策略本来的用意,就是塑造个人偏好,把消费者的需要引向某些企业的产品。特别是劝说性广告,容许卖者试图扭曲消费者的嗜好和偏好,以利于其产品的销售。同时,更重要的还在于,在许多时候,消费者可以撇开某种理性计算,而听从文化价值规范尤其是习俗的引导。大量事实表明,习俗对市场的消费行为起着潜移默化的作用,消费行为在一定程度上反映着市场行为者的风俗习惯要求。

文化因素对消费需求的影响,还表现在拥有不同"文化资本"的不同阶级集团的不同消费偏好上。韦伯曾对集体行动者注重象征性商品的使用这一现象作了研究。他认为,参与竞争的各方是具有某种社会地位的集团,他们所为之展开竞争的对象是地位文化、风格、特性、技巧等文化性事物。

布迪厄也持有类似看法,他认为,不同阶级集团的成员具有不同的美学偏好以及不同的文化资本,这就决定了他们不同的消费选择。

小知识

拉扎斯菲尔德(1901~1976),美国社会学家。他在社会学上最有影响的成就首推应用社会学的研究方法,特别是定量的研究方法和技术。他还是民意测验中采纳社会调查方法的首创者。著有《社会科学中的数学思维》、《选民抉择》、《定性分析》和《应用社会学导论》等。

打工打出的政治文化嬗变

流动农民的政治文化的嬗变，表现为公民文化的生长、臣民文化的复制和暴民文化的赘生，从而形成三种截然不同的农民政治亚文化。

齐瓦勃出生在美国乡村，只受过很短的学校教育。15岁那年，家中一贫如洗的他就到了一个山村做了马夫。然而，雄心勃勃的齐瓦勃无时无刻不在寻找着新的机遇。

三年后，齐瓦勃来到了钢铁大王卡内基属下的一个建筑工地打工。

一天晚上，同伴们都在闲聊，唯独齐瓦勃躲在角落里看书。恰巧公司经理到工地检查工作，经理看了看齐瓦勃手中的书，又翻了翻他的笔记本，什么也没说就走了。

第二天，经理把齐瓦勃叫到办公室，问道："你学那些东西干什么？""我想我们公司并不缺少打工者，缺少的是既有工作经验又有专业知识的技术人员或管理人员，对吗？"齐瓦勃认真地回答。经理点了点头。

不久，齐瓦勃就升为技师。

打工的同伴中，有人讽刺挖苦齐瓦勃，他回答说："我不光是在为老板打工，更不单纯为了赚钱，我是在为自己的梦想打工。"

从齐瓦勃进城打工那一刻开始，他的人生就开始了悄悄的改变，主要体现在，他身上的文化意识，也开始了不经意的嬗变。

农民的政治文化是农民在历史和现实的经济、政治和社会活动过程中形成的，是历史传承和现实生活在农民精神世界的反映。当数以亿万计的农民挣脱土地的束缚，进城务工经商，生产生活发生翻天覆地的变化，相应地，其流动前建立在乡土基础上的传统政治文化也会发生变化。不过，这种变化并非沿着传统—现代的一维线路演进。由于流动农民自身初始条件的不同和进入城市后从事职业及社会生活经历的不同，这种变化大致沿着三种不同的道路演进，表现为公民文化的生长、臣民文化的复制和暴民文化的赘生，从而形成三种截然不同的农民政治亚文化。

公民文化的生长意味着农民在流动中政治知识扩展，政治参与意识和效能感增强，"公民意识"逐渐形成并得到强化。一是在学习和接受城市文化的熏陶中，规则意识、协作意识、法治意识等现代意识在农民工的内心积淀和形成。二是城市生活的潜移默化。三是大众传媒的耳濡目染。大众传播一般包括书籍、报纸、杂志、广播、电视、网络等等。这就很容易开拓农民工的视野,使他们获取前所未有的知识,从而提高自己的认知水平。四是经济地位的改善和提高。他们中绝大多数都不同程度地提高了经济收入,改善了经济地位。经济地位的提高很容易改善农民工的自信心和效能感。

臣民文化的复制。农民在流动中其传统政治文化并没有发生大的变化,而是表现为农民传统臣民文化的复制。农民传统臣民文化的复制实质反映了农民虽然在流动中实现了地域和职业的变动,但其在社会结构中所处的底层地位并没有发生变化,也就是说农民进城务工经商的水平流动并没有相应带来其垂直向上流动。

这种"结果的不平等"固然与流动农民自身素质相对低下有关,更重要的是体制性原因导致的"起点的不平等"。

暴民文化的赘生。在历史上,流民不仅是社会震荡的产物,也加剧了社会的动荡不安。当流民成为动荡的诱因和罪恶的制造者,流民也就演化为暴民。在这一特定人群里弥漫着我们称之为暴民文化的心态。

究竟是什么原因促使某些流动农民从典型的"拜权主义者"变成无法无天的暴民呢,这种文化发生和存续的动因何在?这恐怕要从以下四个方面寻找答案。一是,农民的流动动机不但得不到满足,而且正当权益屡遭侵害。二是,流动农民的社会生态环境恶劣。三是,城市本位的执法体系加剧了流动农民的反体制和反规则意识。四是,从政治社会化的角度看,心理上产生挫折感,以致发生政治文化上的认同危机和合法性危机。因此,进城的农民需要学习和适应城市的规则和生活方式。

小知识

弗兰克林·亨利·吉丁斯(1855～1931),美国社会学家,心理学派社会学的代表人物之一。主张用归纳法研究社会现象,认为各个个体会因共同的刺激、联想、暗示、模仿等发生相同的情感,即"同类意识",这是社会学研究的中心。著有《社会学原理》、《社会学基础》、《归纳社会学》、《人类社会的理论研究》、《人类社会的科学研究》等书。

棒棒引起的"民工—市民互动"

　　社会互动就是社会中个人与个人、个人与群体、群体与群体之间透过信息的传播而发生的相互依赖性的社会交往活动。社会互动分为竞争、冲突、顺应、同化四个阶段。

　　50岁的"棒棒"余继奎身上的扁担一不小心撞上了万州市民曾庆容,二者发生争吵,气急的曾庆容打了余继奎一记耳光,其夫胡宗权冲上去夺下扁担打余的腿,引起了围观并受到阻止。但胡假称自己是国家公务员,出了事情花钱可以摆平,甚至可以出20万元要了余的命,曾也并不示弱,表示自己家里很有钱,只要围观民众来帮助打余一耳光,一记耳光可以给20元。

　　曾氏夫妇的举动激起了围观民众的怒火,导致交通严重堵塞,对峙发生。后万州区政府采取了突发事件处置预案,常务副区长李世奎与群众对话,下午5点左右,当事人被警方带离现场。

　　经长时间喊话,民众开始散离。

　　就本故事而言,由民工与市民之间的个体互动转化为群体互动,揭示了群体互动在社会生活的普遍性和影响作用。

　　就本故事而言,"民工—市民互动"是不断的动态变化、日益强化的过程。第一,"民工—市民互动"是非组织互动也非个人互动,而是一种群体互动的类型,是以整群为基本分析对象的,确切地说应该是群际互动;第二,"民工—市民互动"本身并非仅仅是社会制度的安排,而是中国经济社会改革和发展过程中产生的正常的社会现象。

　　"民工—市民"互动的起源其实是一种无奈的选择。

　　它的形成源于城市的吸引,因为城市和农村有着截然不同的生活。这主要是因为中国经济社会发展过程中所出现的一种社会隔离现象所导致。城市中有他们所渴求得到的维持自身生存和发展所需要的社会资源:利益、机会、金钱、声望、价值以及权利等等。廉价劳动力是他们最大的优势,因此,以廉价劳动力为代价的交换成了他们获取所需要的资源的最主要甚至是唯一途径,这种交换的形成,使得利益互酬成为互动发生的内驱力,城市和城市中的群体为了能够以小的代价享受到城市现代化建设所带来的成果,他们也就需要不断地为民工提供他们所需要的社会资源,尽管这些资源的提供对他们来讲不需要付出很多。基于两个群体这种连续的付出—回报—再付出—再回报的过程,"民工—市民互动"持续地发展了下去。

群体互动的共同舞台均来自城市。城市是一个"竞技场"。

而对于民工与市民群体而言,竞争是两群体互动过程中的主要类型之一。二者竞争的主要目标集中在城市政府公共资源的获取和享受上。

其次,冲突不可避免。在"民工—市民互动"中,不同形式,不同规模的冲突是存在的,最主要体现为民工群体针对市民群体的犯罪行为以及一些因为群体摩擦而导致的突发性的大规模群体事件。

再次,合作成为方向。"民工—市民互动"过程中的共同利益是两个群体对各自所需要的资源的追求。同时,互动双方行为逐渐被对方认可,为实现两群体的互动提供了重要的条件。

小知识

霍曼斯(1910～1989),美国社会学家,社会交换论的代表人物之一。他把社会看作是个人行动和行为交换的结果,个人行为是社会学研究的最高原则。他的理论被称为行为主义交换论。著有《人类群体》、《情感和活动》、《社会行为:它的基本形式》、《社会科学的本质》等。

热点透视

贫富悬殊里的基尼系数

基尼系数是国际上通用的反映居民之间收入差异程度的比较精确的指标。其经济含义是：在全部居民收入中用于进行不平均分配的百分比。农民收入的基尼系数是用来说明农民收入分配"平等"程度的指标。

有个故事，说的是一个穷人，很穷，一个富人见他可怜，就起了善心，想帮他致富。富人送给他一头牛，嘱他好好开荒，等春天来了撒上种子，秋天就可以远离那个穷字了。

穷人满怀希望开始奋斗。可是没过几天，牛要吃草，人要吃饭，日子比过去还难。穷人就想，不如把牛卖了，买几只羊，先杀一只吃，剩下的还可以生小羊，长大了拿去卖，可以赚更多的钱。

穷人的计划如愿以偿，只是吃了一只羊之后，小羊迟迟没有生下来，日子又艰难了，忍不住又吃了一只。穷人想，这样下去不得了，不如把羊卖了，买成鸡，鸡生蛋的速度要快一些，鸡蛋立刻可以赚钱，日子立刻可以好转。

穷人的计划又如愿以偿了，但是日子并没有改变，又艰难了，又忍不住杀鸡，终于杀到只剩一只鸡时，穷人的理想彻底崩溃。他想，致富是无望了，还不如把鸡卖了，买一壶酒，三杯下肚，万事不愁。很快春天来了，发善心的富人兴致勃勃送种子来，赫然发现穷人正就着咸菜喝酒，牛早就没有了，房子里依然一贫如洗。

富人转身走了。穷人当然一直穷着。

还有一个富人，他拥有成片的别墅、华丽的家具、丰盛的食物和许许多多的奴婢。一天，他经过一个穷人家门前，看见他却只拥有又矮又破的茅草房，就问穷人："你的幸福是什么？"穷人却满面笑容地回答说："我身后的这间茅草房就是我的幸福！"富人听了，讥笑道："你的这些破旧的东西，怎么能是你的幸福呢。"说完，富人便回家了。但不久后，不幸的事发生了，富人家的房子有一天起火了，一夜之间，把豪华的别墅烧成了瓦片和灰尘，富人转眼变成了一个一无所有的乞丐。第二年夏天，他碰巧又来到了穷人的茅草房前，乞丐很口渴，便向穷人讨水喝，这时，穷人用同样的问题来问这个乞丐："你的幸福是什么？"这个曾经是富人的乞丐说："我这时最大幸福就是我手中的这碗水啊！"

这两个故事都是讲贫富悬殊给人们带来的生活和精神的差别。贫富悬殊是社会一种有效的激励机制，是促进社会发展的动力源之一，但当一个社会的各阶层贫

贫富悬殊里的基尼系数

富悬殊过大时,会带来一些复杂的社会问题,严重时可能会威胁到社会的稳定。

那么,如何判断贫富悬殊的尺度,并把贫富悬殊控制在一个安全的范围内呢?目前国际上一般采用基尼系数来解决这个问题。

基尼系数,又译基尼指数或坚尼系数,是20世纪初意大利经济学家基尼,根据劳伦茨曲线找出的判断分配平等程度的指标。

基尼设实际收入分配曲线和收入分配绝对平等曲线之间的面积为A,实际收入分配曲线右下方的面积为B,并以A除以A+B的商表示不平等程度。这个数值被称为基尼系数或称洛兰茨系数。如果A为零,基尼系数为0,表示收入分配完全平等;如果B为0则系数为1,收入分配绝对不平等。该系数可在0和1之间取任何值。收入分配越是趋向平等,洛兰茨曲线的弧度越小,基尼系数也越小;反之,收入分配越是趋向不平等,洛兰茨曲线的弧度越大,那么基尼系数也越大。如果个人所得税能使收入均等化,那么,基尼系数即会变小。

联合国有关组织规定:基尼系数若低于0.2表示收入绝对平均;基尼系数在0.2~0.3之间表示收入分配比较平均;0.3~0.4之间表示相对合理;0.4~0.5之间表示收入差距较大;0.6以上表示收入差距悬殊。

基尼系数是国际上通用的反映居民之间收入差异程度的比较精确的指标。其经济含义是:在全部居民收入中用于进行不平均分配的百分比。农民收入的基尼系数用来说明农民收入分配"平等"程度的指标。

由于基尼系数给出了反映收入分配差异程度的数量界限,可以有效地预警两极分化的质变临界值,克服了其他方法的不足,是衡量贫富差距的最可行方法,所以,得到了世界各国的广泛重视和普遍采用。

目前,我国共计算三种基尼系数,即:农村居民基尼系数、城镇居民基尼系数和全国居民基尼系数。

BBS上个人社会身份认定

在网络时代，人作为自我同一的主体已经被具有多种身份、多重人格的"复合主体"所替代。

我还记得那天傍晚，你说要邀我去"北江河畔"，你说有话要对我说。我上班回到家，一边哼歌一边赶紧洗刷，连网管"邻居男孩"都猜到我当时的感受。

我来到"北江河畔"，手捧一束"紫丁香"，时不时看看手表，是我来得太早。等你，"我愿意"。

你来了，穿着"蝴蝶的衣服"，"皎洁的月光"把你映衬得更加美丽动人。

"送给你"！我迫不及待地迎了上去。

而你却迟迟不接。

"对不起，我来晚了！"你身后传来声音。一个"老外"的声音。

"我来介绍一下，这是我的男朋友，版主'杰斯'……"后面的话我已经听不清楚了，脑袋一片"空白"。

我不记得是"怎样和你说再见"的。

据说这是一个叫"不笑就打残你"的网民用自己众多的ID串起的一个小故事，其中引号内大多都是自己在某论坛使用的马甲。如此众多的ID，仿佛川剧中的变脸，让人莫衷一是。

变脸是运用在川剧艺术中塑造人物的一种特技，是揭示剧中人物内心思想感情的一种浪漫主义手法。而BBS中个人变化莫测的ID变换，揭示了ID拥有者怎样的社会身份呢？

现代社会学，无论自由主义还是社会主义都把自律的理性主体预设为人民主权论的基础。但是在网络时代，这种自我同一的主体已经被具有多种身份、多重人格的"复合主体"所替代。众所周知，几乎所有的上网者都有一个以上的ID（identity，哲学上被译为同一性），网民可以依据不同的情境和语境随意变换自己的身份乃至"网络人格"，由此导致的直接结果就是网络行为主体变得不可识别和支离破碎，间接后果则是网络时代的知识生产、政治斗争和话语游戏的日益复杂化。不管这种复杂化的具体指向究竟何在，至少有一点是毋庸置疑的，那就是现代政治学意义上的"自由"、"民主"等等政治理想在网络时代都面临着主体消失的危机。

从社会学和政治学的角度看，BBS的权力结构并不复杂。其组成人员一般而言有网管、版主、资深网民和普通网民之分。

网管作为网站从业人员，尽管手中握有生杀予夺大权（从删贴到封杀ID），但是轻易并不以真身示人，他们深居简出、"垂帘听政"，将日常事务交由版主打理，当然这丝毫无碍于他们偶尔游走于各个BBS之间，就像波拿巴时期的便衣逡巡在巴黎的大街小巷，随时准备逮捕"信口雌黄"的市民。

BBS中的显性掌权者是版主，版主在BBS的日常事务管理中起着举足轻重的作用，他不仅负责整饬BBS的言论秩序，而且负责引导、创建BBS的趣味和方向，可以毫不夸张地说，一个版主的个性和行为方式往往就决定了论坛的面目、个性乃至兴衰成败。

资深网民是一个颇为模糊的概念，这个身份的获得方式千差万别，有靠网上拍砖一战成名的（此类网民多是由于闲极无聊，终日以上网灌水为己任，其基本特点是爱好钻牛角尖等等一切和"钻"有关的活动，属于"呕像"级人物），有靠辛苦造砖、语不惊人死不休赢得大师称号的（这些网民通常帖子质量较高，文采斐然，属实力派"明星"），当然也不排除那些与版主在网下即推杯换盏的私交好友。资深网民的共同特征是帖子的点击率和回帖率较高，由此导致网络积分高和网络人气高；同时他们与斑竹有着这样那样的联系。

普通网民的特点一目了然，为网站抬升人气、偶尔发表意见却应者寥寥的就是普通网民了。

小知识

斯宾塞（1820~1903），英国社会学家、哲学家。社会进化论和社会有机体论的代表人物。他开启了结构功能理论的先河。他的思想对社会学、人类学、哲学的发展都产生了深远的影响。著有《心理学原理》、《第一原理》、《生物学原理》、《社会学研究》、《社会学原理》、《伦理学原理》。

秋菊眼里的诉讼困惑

诉讼制度是一个国家纠纷解决系统中的正式制度,与民间的非正式制度相对应,为社会的冲突和纠纷寻求解决的途径。相对于其他"私的"或"民间的"、"准司法的"解决纠纷方式,更具有正统性和权威性。

《秋菊打官司》的故事发生在西北一个小山村。

秋菊的丈夫王庆来为了自家的承包地与村长王善堂发生了争执,后被村长一怒之下踢中了要害后,王庆来整日躺在床上干不了活。

秋菊是个善良有主见的女人,此时已有6个月的身孕。丈夫被踢伤,她便去找村长说理。村长不肯认错,秋菊认为这样的事一定得找个说理的地方。于是,便挺着大肚子去乡政府告状。经过乡政府李公安的调解,村长答应赔偿秋菊家的经济损失,但当秋菊来拿钱时,村长把钱扔在地上,受辱的秋菊没有捡钱,而是又一次踏上了漫漫的告状路途。

秋菊带着家里的妹子,卖辣子做路费,来到了几十里外的县公安局。县里的裁决与乡政府一样,只是对村长进行经济处罚。秋菊不服,拖着沉重的身子又来到了市公安局。市公安局的最后判决也是维持了县乡的调解与裁决内容。一心只为讨一个"说法"的秋菊又一次带上妹妹和辣椒来到市里,这一次她找了律师,决定向人民法院起诉,结果败诉,但秋菊坚持认为要讨回公道,于是又上诉到市中级人民法院。

除夕之夜,秋菊难产。在村长和村民的帮助下,连夜踏雪冒寒送秋菊上医院。秋菊顺利地产下了一个男婴,秋菊与家人对村长感激万分,官司也不再提了。可当秋菊家庆贺孩子满月时,传来市法院的判决,村长被拘留。望着远处警车扬起的烟尘,秋菊感到深深的茫然和失落。

正式的司法制度不能给予秋菊所要的"说法",而同时,所在的基层社会的民众也不支持秋菊讨"说法"的"讨法"。这种"讨法"就是对纠纷解决方式的选择,秋菊的"讨法"即诉诸正式的法律制度。现代法治的建设已经逐渐地开始发挥它的影响了,即使在广大的基层社会,也有一部分像秋菊那样的民众接受了正式司法的救济方式,尽管这种接受有时仅仅是一种对正式司法制度形式的接受(比如秋菊)。现代法律制度给民众提供了比较现代的"讨法",也有一小部分基层社会的民众接受了这种"讨法",可是这种"讨法"最终能否给民众带来他们所要的"说法",这种"说法"与"现代"的"讨法"之间能否实现一致？我想秋菊那双困惑的眼睛已经回答了这一切。国家的正式司法救济最后未能给予他们所要的"说法"，民间的"说法"与国家的"讨法"之间产生了一种不对称，并且表明了"现代法治话语与民间社会形成的某种紧张"。

诉讼制度是一个国家纠纷解决系统中的正式制度，与民间的非正式制度相对应，为社会的冲突和纠纷寻求解决的途径。正式制度是在与社会有机体的集体意识的互动下形成的，更多地包含集体意识的因素。因此诉讼作为正式法律制度的一部分，属于这个社会的"精英理性"，并且相对于其他"私的"或"民间的"、"准司法的"解决纠纷方式，更具有正统性和权威性。

不同社会，不同的群体对制度的需求（或者说人们对自身纠纷解决的意识）不一样，制度的供给也不一样，这种解决纠纷的"中立"的第三者，情况也各不相同，从而不同的社会纠纷与解决纠纷所构成的画面均不尽相同。如果将视角切入组成一个国家大社会的一个个小成分，尤其是国家政权少有介入的基层社会，正式制度的输入和渗透与城市社会极不相同，即制度的供给至少不像国家的制度设计那样理想，制度的设计在实际生活的运作当中产生了流变。那里主要是非科层化的社会组织和社会力量在发挥作用，即使很多组织和机构（如乡村政权的设立）是按照国家权力的模式设立的，其发生的作用和治理模式依然是传统的，非科层化的。再加上社会经济生活的简单、人际关系的相对单一，对制度的需求至少不是现代法律制度所设计的那样，因为现代法律制度是为陌生人社会设计的。

因此，尽管传统的村落社会正处在现代化的转型过程当中，但大部分还是属于传统的熟人社会。对传统的村落社会，现代化的法律制度大多是为将来的"现代化"的村落社会设计的。总之，一个社会的纠纷解决状况取决于这个社会方方面面的因素，是各个因素相互作用的结果。

老虎就医的医学社会学问题

医学社会学就是研究病人、医生、医务人员和医疗保健机构的社会关系、社会功能及其与整个社会相互关系的一门社会学分支学科。它是社会学与医学相互渗透而形成的。

隋末唐初,有位著名的大医学家叫孙思邈,一生鄙薄功名利禄,专心研究医学,为百姓疗伤治病。他的医术很精,医德也很高。他认为"人命至重,有贵千金"。所以他把自己呕心沥血撰写的医书称作"千金方"。"千金方"里记载了八百多种药物和五千多个药方,发展了历代医学家的药物知识,世称"药王"。他的医舍修筑在自己所种植的一片杏林里。

一天晌午,一只毛色斑斓的大老虎闯进杏林医舍,趴跪在孙思邈的面前,痛苦地张开大口。医术精湛、心地善良的孙医师瞬间明晓定有异物哽卡虎喉,他立即拿过镊夹子来,麻利地从虎口取出一块硬骨头,再用药散喷洒虎咽喉。老虎摆脱了痛苦,向孙医师连叩几个头。自此这只猛虎就替医师看守杏林,这就是医坛上传为"虎守杏林"的美谈,杏林就成为医者悬壶济世之所。

我们一般认为健康与疾病只是与身体状况有关。一个人感到这儿疼,那儿不舒服,或得了感冒发烧,或得了心脏病,这与社会因素有什么关系?但实际上,社会因素对人们的健康与疾病有很大的关系,某种疾病的发生与感受,以及对疾病的反应方式等,都会受到社会因素的影响。疾病不仅仅是人们身体功能的失调。一个人患什么样的病、什么时候患病、患病时社会规范允许的行为反应是什么、病到什么程度可以脱离日常的义务,都是受社会因素影响的。

医学社会学就是研究病人、医生、医务人员和医疗保健机构的社会关系、社会功能及其与整个社会相互关系的一门社会学分支学科。它是社会学与医学相互渗透而形成的,有医疗社会学、卫生社会学、保健社会学、健康和病患的社会学、医学和病患的社会学、医学的社会学、医学中的社会学等不同名称。

1894年美国医学家C.麦克英泰尔发表题为《医学社会学研究的重要意义》的论文,首先提出医学社会学的概念,他下的定义为:"把医师本身作为特定群类的社会现象来加以研究的科学,是从总体上研究医疗职业和人类社会的关系的科学"。

医学中的社会学着重分析健康障碍的病因,社会对于健康的态度方面的差别,以及诸如年龄、性别、社会经济状态、种族和部族、教育水平和职业等因素对于某种特定的健康障碍的产生和流行的关系。研究目的主要是为了解决医学问题。

医学的社会学主要研究医学实践中的组织、角色关系、规范、价值观念和信念等人类行为的因素,着重研讨在医学领域中的社会过程,帮助人们了解医学与社会的关系。1950年代后,医学社会学的研究发展很快。《医学社会学在英国:研究和教学名录》一书,收录1970年以来英国260位医学社会学家的情况,介绍约500个进行中的研究计划和在综合大学、医学院中所开设的约100种医学社会学的课程。国际社会学学会设有专门的医学社会学研究委员会。

医学社会学主要研究医学领域中的角色,主要是医生、护士、病人等角色;角色行为,包括求医行为、施医行为、遵医行为等;角色关系,包括医患关系、医际关系、医护关系、护际关系、患际关系等,以及角色组织、角色流动和角色变迁等。其次是研究医学与各种社会因素的相互作用,如医学与政治、医学与军事、医学与经济、医学与文化、医学与宗教等的相互关系,以及不同类型的医疗保健机构的组织机构、服务形式和社会效用。

医学社会学主要是运用社会学和社会心理学的一般理论与方法进行研究,尚未形成自己的独特理论和方法。随着生物医学模式向生物、心理、社会现代医学模式的转变,流行病学方法、实验医学方法、临床观察方法等医学方法也越来越多地被引进了医学社会学的研究领域。

小知识

马克斯·韦伯(1864～1920),德国著名社会学家,公认的社会学三大"奠基人"之一。其对西方社会的影响是巨大的,是近代社会科学发展史上世界公认最有影响的人物之一,在社会学领域中与马克思、迪尔凯姆并驾齐驱。作为一位跨世纪的伟大学者,他在生命的五十多年时间里为后世留下诸如《新教伦理与资本主义精神》、《经济与社会》等宏大巨著。

找朋友的六度分隔和 150 法则

"你和任何一个陌生人之间所间隔的人不会超过六个,也就是说,最多透过六个人你就能够认识任何一个陌生人。"而"把人群控制在 150 人以下似乎是管理人群的一个最佳和最有效的方式。"

池塘里的水静静的、柔柔的。一只小鸭就在这样的池塘里游水。小鸭子游呀游,池塘里没有一个朋友。呀!很孤单,真没趣。

一只小兔蹦蹦跳跳从池塘边路过,小鸭连忙喊:"小兔子,小兔子,你能到池塘里和我玩吗?"小兔说:"对不起,我不会游泳,不能和你玩。"

一只小猫从池塘边路过,小鸭连忙喊:"小猫,小猫,你能到池塘里和我玩吗?"小兔说:"对不起,我不会游泳,不能和你玩。"

一只青蛙跳来,小鸭连忙喊:"小青蛙,小青蛙,你能到池塘里和我玩吗?"小青蛙高兴地说:"好!"小青蛙纵身一跃跳到了池塘里。

小鸭终于找到在水里和他一起玩的朋友啦!

六度分隔理论由美国著名社会心理学家米尔格伦于 20 世纪 60 年代最先提出。1967 年,米尔格伦想要描绘一个联结人与社区的人际联系网,他做过一次连锁信实验,结果发现了"六度分隔"现象。简单地说:"你和任何一个陌生人之间所间隔的人不会超过六个,也就是说,最多透过六个人你就能够认识任何一个陌生人。"

六度分隔理论或者说六度理论实际上描述了任意两个人之间建立联系的复杂度,数学公式说明,建立任意两个人之间的联系,你可能只需要六次,或者说只需要惊动六个人。

"六度分隔"说明了社会中普遍存在的"弱纽带",但是却发挥着非常强大的作用。有很多人在找工作时会体会到这种"弱纽带"的效果。透过"弱纽带",人与人之间的距离变得非常"相近"。我们经常在与新朋友碰面的时候说"世界真小",因为往往可能大家有共同认识的人。

看似数量庞大的人群,建立两个人之间联系的代价到底有多大,是不是和人群的数量一样大呢?透过六度理论得知,数量大的人群,透过人与人之间的直接联系,可以透过比较少的步骤获得人与人之间的(间接)联系。即便人的联系宽度(一个人能够联系其他人的数量)很小,透过间接方式来建立任意两个人联系的代价也会远远小于直接寻找每个人。一个人的直接联系宽度总是有限的,扩展联系宽度也可以透过间接的方式进行,而且效果明显,通常只要6次,你就可以联系所有人。

正是由于人的联系宽度有限这一属性,六度提供非1度的人际交流模式来解决这个交际瓶颈。150法则正是对这个问题的呼应。换句话说,创建关系并不是关系的唯一目的,也不是重要目的,在关系上面构筑服务才是重要目的。

如果把创建关系看成一种特殊的服务,所谓关系传递中的种种悖论就可迎刃而解,如:朋友的朋友是敌人的情况,而且这里还能得到一个有趣的结论,正是因为朋友的朋友是敌人,所以你不便于(不是"不能")和他建立一度关系,相反,利用非一度的二度关系,透过你的朋友,你的敌人还可以为你服务,这才是六度的魅力。这是不是也说明六度的目的并不是把关系都变成一度呢?

如果区分了关系和关系之上承载的服务,关系的方向和传递问题就不难理解,圈子不断扩大,而后破裂的不断重复变化过程是关系透过"创建关系"、"删除关系"服务的不断发展过程。为此有了150法则。

从欧洲发源的"赫特兄弟会"是一个自给自足的农民自发组织,这些组织在维持民风上发挥了重要作用。有趣的是,他们有一个不成文的严格规定:每当聚居人数超过150人的规模,他们就把它变成两个,再各自发展。

"把人群控制在150人以下似乎是管理人群的一个最佳和最有效的方式。"

150法则在现实生活中的应用很广泛。比如中国移动的"动感地带"sim卡只能保存150个手机号,微软推出的聊天工具"MSN"只能是一个MSN对应150个联系人。

150法则成为我们普遍公认的"我们可以与之保持社交关系的人数的最大值。"无论你曾经认识多少人,或者透过一种社会性网络服务与多少人建立了弱链接,那些强链接仍然在此时此刻符合150法则。这也符合"二八"法则,即80%的社会活动可能被20%的强链接所占有。

小知识

曼海姆(1893~1947),德国社会学家。知识社会学的创始人和主要代表人物之一。他强调人的意识不可避免地依赖于人的社会地位,这是全部认识论包括现代认识论的基本要素。决定行动方式的正是这种深入到意识的"范畴结构"中的社会"存在制约"。著有《意识形态与乌托邦》、《变革时代的人与社会》、《自由、权力与民主设计》、《时代诊断》、《知识社会学论集》、《社会学系统论》等。

SARS传播的集合行为理论

在社会学中,集合行为是指人们的无组织集体行为,比如恐慌、传言、抢购等,往往发生在突发事件之后。

有一天,某宿舍楼出现了一例"非典",结果整座宿舍楼被隔离。

这是被隔离的某人的日记:他现在终于明白了最真实的人生,就是用左手紧紧握住自己的右手,谁也消除不了你的孤独。曾经热闹的记忆和冗长的爱情都怕被自己感染似的,女朋友曾经的山盟海誓在几个星期之间就用厌烦的语气,最后冷冷地拒绝兑现,当时眼前一黑,因为我见到了比"非典"轮到自己头上更可怕的真实。

他没想到自己曾经以为刻骨的爱情丝毫经不住考验。

接着他写到,每天都在宿舍楼里面对着同样口罩上不同表情的眼睛:变形的愤怒,灰烬的死寂,凝滞的绝望,见人都想咬上两口的血红,深深下陷的无底恐惧,被求生逃跑无望折磨的扭曲……

他们每个人都是一门大炮,稍有言语就点燃了导火线;他们每个人都是充足了气的气球,稍有碰撞便不可挽回地爆炸。

他说自己很平静,一天还捧起了一本尼采(他喜欢这位至今被人误解的思想英雄)写的关于快乐哲学的书,抬头却看见窗外飘过一阵鼓噪的风:一个跳楼的胖子,在地上挣扎着站不起来,很快被几个全副武装的武警战士抬向新的隔离区。

他最后开玩笑说:"如果这座宿舍楼里,有最后一位幸存者,那一定会是我,因为外面有人等我最温暖的承诺。"

这是一个典型集合行为理论的案例。

在社会学中,集合行为是指人们的无组织集体行为,比如恐慌、传言、抢购等,往往发生在突发事件之后。美国社会学家斯梅尔瑟提出集合行为有6个要素:环境、结构性压力、诱发因素、动员因素、普遍情绪、社会控制。在SARS事件中,所有疫区差不多都出现过不同程度的集合行为。如何有效地认识、把握集合行为的要素,了解其发生机制,对于预防和化解此类事件是至关重要的。集合行为的发生和信息的传播通畅与否紧密相关,准确地说,是信息的混沌状态导致集合行为的发生。比如在一些信息闭塞的农村地区,出现了"放鞭炮防非典"的传言,而且传播迅速。这时如果有一个外部的声音阐述真实情况,集合行为可能得到控制,但是这外部的声音必须有权威性。在防治 SARS 的过程中,有权威性的信息发布对于控制恐慌情绪的蔓延是非常关键的。这里有些问题就需要引入传播学来探讨。

我们现在实际上并不是在一个开放的传播空间里探讨 SARS 问题。如果对于 SARS,很多真实情况人们无从知道的话,那是很可怕的。比如某家报纸对"非典"的第一篇报导,说"非典"是谣言,不存在。像这种平时不注意维持自己公信力的媒介,到危急时刻,人们需要权威消息时,是不会相信它的。如果人们无法判断媒介里得到的消息和"小道消息"何者为真,何者为假,更大的恐慌就会出现。

集合行为理论实际上源于社会互动理论,是宏观或中观层面的社会互动。恐慌、谣言、流行是集合行为的几种典型表现。它往往具有人数众多、无组织性、行为者相互依赖等一般性特征。

集合行为既能够形成新的风气、确立新的规范,也能冲击现有体制和价值规范。而那种出于对社会不公正、不平等、不合理、黑暗腐败等现象义愤填膺的集合行为,可能会成为社会动荡和革命的火花。这就是说,集合行为进一步延伸就形成所谓的"社会运动",涉及到安全社会学所要研究的国家安全、政权稳定、社会安定的问题。群体的集合行为对于社会的发展既有积极作用,也有消极影响。这也是安全社会学必须加以研究的重要面向,同时也必须结合安全心理学等学科加以研究。

小知识

艾森施塔特(1923~2010),以色列社会学家。新功能主义和现代化理论的代表人物之一。在国际社会学界有较高的声望。著作有《世世代代》、《帝国的政治体制》、《现代化:抗拒与变迁》、《政治社会学》、《社会的分化和分层》、《传统·变迁·现代性》、《社会学的形式:范式与危机》、《革命与社会转变:文明的比较研究》、《社会、文化和城市化》等。

大鱼吃小鱼吃出的村庄兼并

在工业化、城市化和现代化进程中,随着农业劳动力逐步向非农产业转移,农村人口日益向城市集中,自然村落的萎缩乃至消失将成历史的必然。这是现代化所推动的重要社会变迁。

从前在海洋里不管是大鱼还是小鱼,他们都愉快地生活在一起。他们以海草为食,而海草取之不尽,用之不竭。

有一种数学运算叫乘法,小鱼们学得很快,并运用到了自身的繁殖上。一段时间后,小鱼的数量大大地超过了大鱼。于是,海洋里的鱼的总数大大增加了,而这时海草的数量却在急剧减少。

大鱼怨小鱼数量太多,吃的海草太多了。而小鱼却怨大鱼体积太大,食量太大。鱼儿们的矛盾也由此加剧了。

大鱼们愤怒了,他们开始了血腥之战,一口一口地把小鱼吞到自己的肚子里。他们发现,这样既能消灭敌人又能填饱肚子,一举两得。

从此,海洋世界的生物便一直沿袭着这个习性。

大鱼吃小鱼是自然法则,村落兼并是社会发展法则,二者有异曲同工之妙。

村落是在自然经济条件下人类自发聚居形成的农村社区的基本组织形式。它是以农业为基础产业、以土地为基本生产资料、以个体劳动为基本劳动方式、以血缘关系为纽带的相对封闭的社会组织。在工业化、城市化和现代化进程中,随着农业劳动力逐步向非农产业转移,农村人口日益向城市集中,自然村落的萎缩乃至消失将成历史的必然。这是现代化所推动的重要社会变迁。近几年来,随着农村商品经济的迅速发展,特别是农村工业化进程的加快,出现了一些富村和强企业兼并穷村、弱村的现象。

乡镇企业的快速发展和膨胀使这种兼并成为生产力发展的内在要求。同时凡是发生村庄兼并的地方,一般都具有兼并方与被兼并方贫富差距比较大的特点,双方能实现互惠互利,优势互补。而市场经济发展对资源流动与重组提出了新要求。

市场经济则要求资源流动和优化配置,这就与原有的体制发生了冲突。而有些地方政府为了促进资源与人口的合理配置,探索了扶贫开发的新路子,也积极实施村庄兼并。

扩张式兼并主要是指一些经济强村或强企业出于扩大规模、加快发展的需要而兼并弱村、穷村。兼并的对象主要是处于经济强村或强企业周边地区的弱村、穷村。这种兼并又表现为两种模式,一是经济强村兼并弱村、穷村,二是强企业兼并弱村、穷村。扶贫式兼并主要是指有组织地将一些地处边远山区、生产生活条件恶劣、脱贫致富无望的弱村、小村,合并到城市郊区或本乡镇的富村、大村,整村或部分人口迁户转移。联合式兼并是一种渐进性的村庄兼并形式。它不像扩张式或扶贫式兼并那样,一次性地直接改变农村小区组织形式和管理体制,而是在村与村之间原有社区组织和管理体制暂时不变的条件下,在经济发展和村镇建设上采取合同契约或其他方式进行合作,使人口逐渐向中心村或强企业驻地集中,使自然村落走向萎缩。联合式兼并,也有以企业为主联合周边村庄共同发展的典型。透过政治一体化来推进经济一体化,探索"合村并镇",促进城乡一体化发展的新路。

村庄兼并是一种制度创新,促进了农业生产方式的转变,推动了农村商品经济的发展,使农民的职业角色发生了转换,推动了农村社会结构转型。农村封闭、落后的传统社会结构正在转变为开放、流动和进步的现代社会结构。促进了城乡融合,推动了农村城市化进程。在一定程度上改变了城乡分割的二元社会结构,大大推动了农村城市化进程。

总之,村庄兼并是农村改革与发展中出现的新的社会分化和社会整合现象,是我国农村现代化进程中的重要社会变迁。

小知识

安纳托利亚·加扎耶夫哈尔切夫(1921～1987),苏联社会学家。主要从事伦理学和家庭婚姻问题研究,对前苏联婚姻家庭社会学有重要贡献。著有《苏联的婚姻和家庭》、《哲学中的价值问题》、《生活、家庭和闲暇:社会学和道德问题》、《苏联马克思列宁主义伦理学史纲》、《现代家庭及问题》、《家庭和社会》等。

年羹尧的困惑:追问社会资本

年羹尧生命中的最后一年,他的所有行动,都专注于设法取得君主的原谅。年羹尧作为行动者,除了雍正皇帝,其他的社会关系和资源对他而言都无关紧要,也无济于事,因而可以忽略不计。

年羹尧,汉军镶黄旗人。

年羹尧对十四阿哥允禵起到了举足轻重的牵制作用,从而确保了雍正的顺利继位。

十四阿哥乃是雍正的胞弟,极得康熙的喜爱,在外掌抚远大将军印,也是继位的热门人选。康熙六十一年十一月初七,理藩院尚书隆科多在畅春园口含天宪,宣布皇四子克承大统,十四阿哥当然咽不下这口气。不过,他在军中受到年羹尧的暗中牵制,等回到北京奔丧,哥哥已经坐上龙椅,他的反应也只能是"举动乖张、词气傲慢",最多不过对雍正"肆其咆哮"了。

年羹尧在雍正继位后掌抚远大将军印,任甘陕总督,累封太子太保、一等公。

可惜月满则亏,雍正三年(1725年)二月庚午那天,日月合璧,五星联珠,年羹尧上了一道贺疏,用《易经》中的"朝乾夕惕"来赞美雍正的辛勤工作。可年毕竟是个武夫,居然把"朝乾夕惕"写成了"夕惕朝乾"。按道理皇帝应该一笑置之,然而雍正却龙颜大怒,叱责年羹尧有意倒置,批示说"羹尧不以朝乾夕惕许朕,则羹尧青海之功,亦在朕许不许之间而未定也。"

自此年羹尧祸事连连,数月内从大将军连降为杭州将军、闲散章京,直到职爵尽削。当年腊月逮捕回京,定大罪九十二款,最后于狱中自裁,长子被斩,15岁以上的其他儿子被流放。

1725年,年羹尧的生与死,都取决于雍正的态度。因此,年羹尧生命中的最后一年,他的所有行动,都专注于设法取得君主的原谅。年羹尧作为行动者,除了雍正皇帝,其他的社会关系和资源对他而言都无关紧要,也无济于事,因而可以忽略不计。这样,年雍之间的二元互动,比一般的行动者的社会联系,要简单得多。

年羹尧的困惑：追问社会资本

——布迪厄只给了我们一个开端。布迪厄不会关注年羹尧的死和活，而是关注年羹尧作为获罪的权臣的行为姿态以及这些姿态的符号意义。他的品味是否会阻止其融入这个新的卑微的团体——监狱呢？

——科尔曼一如往常高屋建瓴但是语焉不详。在年羹尧得到赐死的圣旨之前，年羹尧或者科尔曼都无法得知年的死活，无法得知这次事件的最终结果，无法判断社会资本的功能是否实现。既然社会资本只能在被行动者使用时观察到，社会资本的存在只有靠它的结果来证明，那么如果没有一个"事先边界"，就无法界定社会资本。

——博特宣称社会资本只是圈子里的事情，是"朋友、同事以及更一般的熟人，透过它们获得使用金融和人力资本的机会"，年羹尧应该求助于这些关系。那么，年羹尧要问自己，谁是朋友？进而，"朋友"、"熟人"的概念是否永恒？如果这次行动成功使用了自己的社会资本，那么，那个给予自己资源的好人和行动者之间的关系有什么变化？

——林南深入探询了个人层次上社会资本的意义，但他也会遇到挑战。当林南到杭州城外采访年羹尧，测量他的社会资本时，其实学者充其量只是在记录年羹尧的一个梦。这样，难道林南所测量到的社会资本，并非所谓客观的嵌入性的资源，而不过是年羹尧的一厢情愿的幻想？那么，社会资本的定义和社会资本的测量之间是否存在一个客观和主观的鸿沟？

——波茨说社会资本是嵌入年大将军"与他人关系中包含着的一种资产"，是"嵌入的结果"。而这个社会资本，是年羹尧"个人透过其成员身份在网络中或者在更宽泛的社会结构中获取稀缺资源的能力"。这样看来，社会资本的研究如果不以具体的事件为单位来进行，就可能不具有社会学的意义。如果我们把求生、托孤和饮酒、聊天这些林林总总的社会资本迭加在一起，把皇帝的生杀大权和狱卒的一点同情之心组合在一起，得出一个总体性社会资本的资料，是不是有点显得牵强附会？这样的社会资本概念，是否过于野心勃勃？

小知识

A. A. 波格丹诺夫（1873～1928），俄国和苏联哲学家、社会学家。十月革命后从事过高等教育工作，担任过"无产阶级文化协会"的领导职务和输血研究所所长。著有《生动经验的哲学》、《自然史观的基本要素》、《经验一元论》、《普遍地组织起来的科学》等。

39

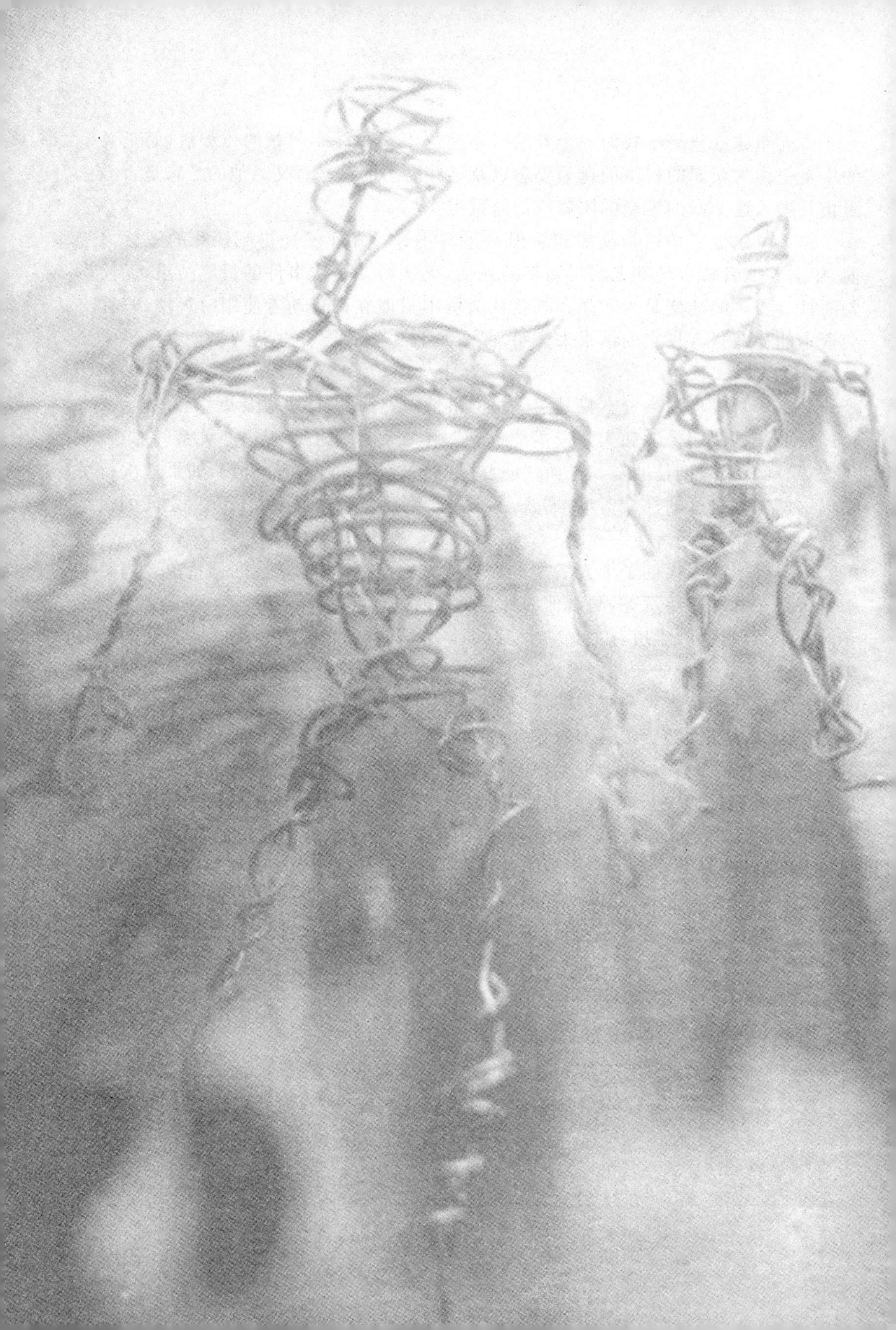

第二篇
概念解析

概念解析

马良神笔划出的社会文化

　　文化是人类所创造的一切文明现象与产品，或者说打上了人类活动印记的一切现象与产品。文化的基本要素是符号、语言、价值、规范，它们构成文化的框架。

　　从前，有个孩子叫马良。他很喜欢画画，可是家里穷，连一枝笔也没有。一天，他放牛回来，路过学馆，看见里面有个画师，拿着笔在给大官画画。
　　马良看得出神，不知不觉地走了进去。他对大官和画师说："请给我一枝笔，可以吗？我想学画画。"
　　大官和画师听了哈哈大笑，说："穷娃子也想学画画？"他们把马良赶了出来。
　　马良气呼呼地说："我偏不信，穷娃子就不能学画画！"
　　从此，马良用心学画画。他到山上去打柴，用树枝在沙地上画天上的鸟。他到河边割草，用草根在河滩上画水中的鱼。他见到什么就画什么。
　　有人问他："马良，你学会了画画，也去给那些大官们画吗？"
　　马良摇摇头说："我才不呢！我专给咱穷人画！"
　　日子一天天过去，马良画画进步很快。可是他依然没有笔。他多么盼望有一枝笔啊！
　　一天晚上，他躺在床上。忽然屋里闪起一道金光，一个白胡子老头儿出现在他面前。老头儿给他一支笔，说："马良，你现在有一枝笔了，记住你自己的话，给穷人画画！"
　　马良真高兴啊！他立刻拿起笔在墙上画了一只公鸡。奇怪，公鸡活了！它从墙上飞下来，跳到窗口，喔喔地叫起来。原来，白胡子老头儿给他的是一枝神笔。
　　马良有了这支神笔，天天给村里的穷人画画。要什么就画什么，画什么就有什么。
　　一天，他走过一块地边，看见一个老农和一个小孩儿拉着犁耕地。泥土那么硬，拉不动。马良拿出神笔，给他们画了一头大耕牛。"哞——"耕牛下地拉犁了。
　　文化是人类所创造的一切文明现象与产品，或者说打上了人类活动印记的一切现象与产品。马良的神笔就是人类所创造的文化，这个故事包含了文化的产生过程、文化的基本要素和文化的基本特征以及文化的作用。
　　文化的基本要素是符号、语言、价值、规范等，它们构成文化的框架。例如马良画画，既是一种符号，神力的符号，也透过绘画体现了语言的功能，同时也把它的价值以及规范贯穿其间了。

　　从这个故事里我们也可以看出文化的特性和文化的功能：从文化的形成看——文化具有集体创造性；从文化的获得看——文化具有非生理遗传性；从文化的内容、形式看——文化具有多样性；从文化的意义看——文化具有象征性；从文化的发展看——文化具有动态性的特性。大规模的文化变迁一般受三种因素的影响：自然条件的变化、不同文化之间的接触、发明与发现。

　　文化的功能是识别、教化、整合知识。

　　我们在故事里轻易地看出了文化的态度。首先是文化中心主义——亦称种族中心主义，指各个国家、各个民族常有一种将自己的生活方式、信仰、价值观、行为规范看成是最好的、优于他民族的倾向，并且将本民族、本群体的文化模式当做中心和标准，以此衡量和评价其他文化，常常敌视或怀疑自己所不熟悉的文化模式。这是一个团体认定自己的文化才是最优势、唯一正确的一种观念或习惯，是一种具有浓厚的主观价值的态度。其次是崇外主义，当某些群体发现自己的文化低级时，就表现出对某种高级文化的崇拜，例如马良对画师的崇拜。再次是文化相对主义，各种不同的文化模式是不能评价和比较的，好的文化就是适合当时当地环境的文化。就像马良神笔，很受穷人欢迎一样。第四是文化休克，生活在某一文化中的人，当他初次接触到另一文化模式时所产生的思想上的迷惑、混乱与心理上的震撼。最后是边际文化，它是文化边缘地带或两种文化的交界地带。

　　文化的规范作用也很明显。它能确立行为标准，规范人的成长，保护社会秩序，控制越轨行为。文化规范的类型有习俗、宗教、道德、法规。

小知识

　　孟德斯鸠(1689～1755)，法国伟大的启蒙思想家、法学家。他最重要的贡献是对资产阶级的国家和法的学说作出了卓越贡献，他在洛克分权思想的基础上明确提出了"三权分立"学说。著有《论法的精神》、《罗马盛衰原因论》等。

43

蜘蛛结网：差序格局下的乡村家庭

在差序格局中，社会关系是逐渐从一个一个人推出去的，是私人联系的增加，社会范围是一根根私人联系所构成的网络。

有一天黄昏，一只黑蜘蛛在后院的两檐之间结了一张很大的网。难道蜘蛛会飞？要不，从这个檐头到那个檐头，中间一丈余宽，第一根线是怎么拉过去的？

经过细细的观察，才发现它走了许多弯路——从一个檐头起，打结，顺墙而下，一步一步地向前爬行，小心翼翼，翘起尾部，不让丝粘在地面的沙石或别的物体上，走过空地，再爬上对面的檐头，高度差不多了，或说是它满意了，再把丝收紧。

收第一根丝要半个多小时，直到成一条直线。

以后的进展比第一根丝的进展要快多了。尽管它很复杂，但蜘蛛操作十分熟练，仿佛是一种愉快开心的表演似的。

蜘蛛不会飞翔，但它能够把网凌空结在半空中。它的网制得精巧而且规矩，八卦形地张开，仿佛得到神助。有一首诗赞到：南阳诸葛亮，稳坐中军帐。排起八卦阵，单捉飞来将。

"差序格局"的概念是费孝通先生提出来的。他认为，"在差序格局中，社会关系是逐渐从一个一个人推出去的，是私人联系的增加，社会范围是一根根私人联系所构成的网络。"这一社会关系的网络是以亲属关系为基础而形成的，亲属关系是"根据生育和婚姻事实所发生的社会关系，从生育与婚姻所结成的网络，可以一直推出去包括无穷的人，过去的、现在的和未来的人物"，"这个网络像个蜘蛛的网，有一个中心，就是自己"。"我们社会中最重要的亲属关系就是这种丢石头形成同心圆波纹的性质。"这波纹，"一圈圈推出去，愈推愈远，也愈推愈薄"。这样的"从自己推出去的和自己发生社会关系的那一群人里所发生的一轮轮波纹的差序，就是'伦'（人伦）"。

这种差序格局发生在中国传统的乡土社会里，这种乡土社会有它自身的特点。比如，它是封闭的、人口不流动的、经济上自给自足的、有一定排外性的，血缘和地缘的合一是社区的原始状态。它又是政府的行政权力控制相对较薄弱的，因而，可以在一定程度上实行民间自治从而给家族的长老统治留下相当大的活动空间。在家庭制度方面它也与西方现代社会有差别,它是根据单系亲属原则组成的社群,即由许多家组成的族,是实行父系家族制度的。中国的家是一个事业组织,是连续性的事业社群,它的主轴是在父子之间,在婆媳之间,夫妇成了配轴。还有,乡土社会是安土重迁的,生于斯、长于斯、死于斯的社会。不但是人口流动很小,而且人们获取资源的土地也很少变动。总之,它是一个社会变迁很少而且变迁速度很慢的社会。

这里所说的乡土社会,就是中国传统的农村社会,他所刻画的乡土社会的社会结构、社会关系的主要特征,就是中国传统的农业社会的社会结构、社会关系及人们相互对待的社会行为的主要特征。"差序格局"这一概念的提出对我们认识和分析中国的传统社会无疑具有开创性的意义。

回顾费孝通先生的"差序格局"概念,我们可以得出这样的结论:首先,费先生认为,在乡土社会中,人们基本是按照男系血缘(父系家族)来决定自己和他人关系的远近和亲疏的,所谓差序格局的行为方式即是建立在这一基础上的。其次,血缘社会与商业活动不兼容。商业活动奉行的是"理性"原则,而血缘社会中奉行的是"人情"原则,两者是相抵触的,因此,血缘社会抑制商业活动的开展,而"理性"才是现代社会的特性。

小知识

亚多夫(1929~),苏联、俄罗斯社会学家。苏联20世纪60~70年代社会学"三层次"理论的主要奠基人之一。1980年代后期发起社会学研究对象与社会学一般理论的重新讨论,认为社会学研究对象是社会共同体。著有《劳动和个性发展》、《人及其工作》、《个性社会行为的自我调节和预测》、《社会学研究的程序和方法论》、《社会学研究:方法论、提纲、方法》、《工程师的社会心理概貌》等。

概念解析

七步跨过底线伦理

底线伦理崩溃的一个重要特征是人们内心深处耻感和罪感意识淡化以至消失：没有了羞耻感、知耻感、耻辱感；没有了负罪感、内疚感、忏悔意识。罪感和耻感消失的结果是，人性和道德中最后的、最起码的准则被践踏。

三国时期，曹操有三个儿子，曹丕是第一个，曹植是第三个，也是最聪明的一个。曹操曾说过："如果天下的文才共一石，曹植自己占八斗，我和曹丕占一斗，剩下一斗，由天下人分去吧！"

曹操去世以后，曹丕继承了王位，但他很嫉恨曹植，生怕他争夺王位，于是，就想方设法地要置他于死地。

有一次，曹丕对曹植说道："我总听人们说你才思敏捷，但我却没有面试过你，现在，限你走七步，就在七步之内作一首诗，如果不能，我就要用严酷的刑法来处置你！"曹植无奈之下，只好一边踱步，一边思索，他对哥哥毫不怜惜手足之情感到伤悲，没走出七步，一首痛斥自相残杀的《七步诗》便脱口而出：煮豆燃豆萁，豆在釜中泣。本是同根生，相煎何太急。

于是曹丕放弃了杀害弟弟的念头。

如果曹植七步之内作不出诗，曹丕就会越过底线伦理，骨肉相残了。

一个社会最严重的价值危机不是道德理想的失落，不是功利主义和世俗文化的泛滥，而是文化中底线伦理的普遍崩溃。底线伦理崩溃表现为人必须遵守的最起码的伦理道德全面危机，表现为这样一些极端的非道德行为越来越频繁地发生：它们失去了人之为人必须具备的最低质量，嘲解了人性最起码的价值标准，冒犯和亵渎了作为人开化、文明象征的最后禁忌。

底线伦理崩溃的一个重要特征是人们内心深处耻感和罪感意识淡化以至消失：没有了羞耻感、知耻感、耻辱感；没有了负罪感、内疚感、忏悔意识。罪感和耻感消失的结果是，人性和道德中最后的、最起码的准则被践踏。这不但表现为大量毫无廉耻、令人瞠目结舌和令人发指的行为，更表现为行为者没有任何负罪感和羞耻感，一副不以为然和泰然处之的心态。

七步跨过底线伦理

底线伦理是指维系人之为人的本性、样态、特质的起码的伦理道德，是一种与人的本性和本质同一的基本伦理，是任何人都应认可并遵循的普遍伦理。底线伦理的意义之一是，经由一些最基本的价值和伦理，人乃保持"人"必须具有的特性、样态和本质，使人免于沉沦和野蛮到非人的境地。违背了这样的伦理，就是丧失起码的人性和人的本质特征。例如故事中，如果曹丕杀了曹植，他就陷入了一种非人的境地。底线伦理的意义之二是，它是人之为人的下限。人在人兽之间、文明人与野蛮人之间划了一条界线，越过这一界线，就不是"人"之所为，就"不是人"了。底线伦理的意义之三是，所有人都承认的共同道德和价值，凡具有"人"的基本特征的人们都认同和遵循的伦理。

伦理底线是文化和文明中的一种严厉的禁忌。文明都透过强烈的耻感意识来维系基本的文化价值，道德和文化价值的建构，就是要在人们内心深处唤起这样的警戒意识。只有这样，人们才有自觉的价值意识。

罪感是因经历了违背基本价值的行为、事件而从我们的人格深处萌生的一种敬畏意识与忏悔意识。例如，曹丕最终没有杀曹植，就是罪感起了作用。主体的价值意识告诫人们，我们的人性和文化中有一些基本的禁忌和规约，它规定人至少应该作为（如有起码的同情心，把人当人）或不作为（如不能乱伦，不能滥杀无辜）的下限、底线。违背了这一禁忌和规约，就是一种罪过、罪孽。罪感也包含自我谴责的成分，但更主要的表现为因害怕惩罚而产生的一种负罪感、内疚感和忏悔心态。

人类文化的底线伦理与禁忌、罪感和忏悔意识的确紧密结合在一起。

小知识

斯托福(1900～1960)，美国社会学家。他提出了"相对剥夺"理论，后被R.K.默顿发展成为重要的社会学概念——参照群体。著有《第二次世界大战中的社会心理学研究》《共产主义、皈依和人权自由》和《测量观念的社会研究文选》。

概念解析

松鞋带是为了给他更多的话语权

在 BBS 权力运作过程中,尤其是在结构组合和重组、意义形成、旨趣形成的过程中,资深网民占据了相当重要的地位。这个被想象成众生平等的 BBS 其实不过是各种话语权力角逐的新竞技场。

有一位表演大师上场前,他的弟子告诉他鞋带松了。大师点头致谢,蹲下来仔细系好。

等到弟子转身后,又蹲下来将鞋带解松。

有个旁观者不解地问:"大师,您为什么又要将鞋带解松呢?"

大师回答道:"因为我饰演的是一位劳累的旅行者,长途跋涉让他的鞋带松开了。"

"那你为什么不直接告诉你的弟子呢?"

"他能细心地发现我的鞋带松了,并且热心地告诉我,我一定要保护他这种热情的积极性,及时地给他鼓励。至于为什么要将鞋带松开,将来会有更多的机会教他表演,可以下一次再说啊。"

BBS 的主要交流方式是文字,这个被想象成众生平等的 BBS 其实不过是各种话语权力角逐的新竞技场。

如同故事中的大师松鞋带一样,BBS 就是给公众提供了某些话语权。

在各种话语权力在 BBS 内部展开角逐之前,BBS 首先得接受现实的政治游戏规则的制约,也即现实的新闻审查制度和言论监控制度的制约。除却现实政治层面的控制,BBS 还要经历另外一个层面的筛选,即主题和趣味的筛选(意识形态的符号层面)。BBS 中的话语权力斗争主要体现某些群体以自己的旨趣对其他群体的旨趣(情趣、偏好、话语习惯、世界观)进行框定的过程。

在权力的运行过程中,有可能呈现两种状态,一种是实际的(公开的或秘密的)可观察到的冲突,在这里权力的运行轨迹可以清晰被捕捉到;还有一种则是权力的潜在运行方式:权力的行使可透过培养他人的需求来达到。

在可见的显性层面上版主拥有毋庸置疑的权力(版主管理论坛的手段主要有灌水、回帖、删帖、封杀 ID 和增选精品,后三项是版主的特权所在),但是出于人气、形象等因素的考虑,事实上版主并不总是以冲突的形式推行他的理念和旨趣。

常态的话语角逐是以潜在的方式进行的,比如灌水、回帖以及设立精品。

在BBS权力运作过程中,尤其是在结构组合和重组、意义形成、旨趣形成的过程中,资深网民占据了相当重要的地位,这一特点在版主身份合法化后显得尤为突出。作为显性的掌权者,版主在行使权力、推行旨趣时势必会有某些策略上的顾忌,这时候对于资深网民的扶植和培养就会对整个论坛的势力格局、旨趣方向产生重大的影响。

资深网民资格的获得主要靠点击数和精品数的积累。当版主在给某个帖子的后面加上精品二字的时候,他不仅仅是给已界定的事物贴上标签,而且是在确认、固定整个BBS中的旨趣和意义体系,设立精品的过程就是向BBS成员传递信息、构建知觉环境的过程:什么样的帖子是好的帖子,是符合这个论坛审美标准的帖子,什么样的帖子能够赢得更多的点击率,等等。一个人数相当庞大、成员相当固定、拥护版主的资深网民群体的形成,对于BBS等级制度、旨趣体系的产生意义重大,这有点像中产阶级在资本主义社会中所发挥的作用。

普通网民尽管在BBS建设中处于弱势地位,但并不表明他们不会表达不满和抱怨。因此,对于一个成功的BBS来说,无论你实现的是"真实的意见一致"还是"虚假的意见一致",关键在于你要部分有效地解决、掩饰或者回避处于统治地位的群体的旨趣同被统治的群体的实际旨趣之间的矛盾,而且透过营造一种使人们对现状表示理解的氛围来防止不满情绪的滋生。

BBS所达到的后果与其说是"自由人的自由联合",不如说是"有限人的有限联合",这种联合的基础就是"趣味"。随着BBS日渐主题化、专业化和有序化,"到什么山唱什么歌"成为网民不得已的举动,BBS成为一个由各种壁垒分明、界限森严的小共同体"合众"而成的"整体",这种整体性仅仅体现在它们共同使用一种资源:网络,共同使用一种名称:BBS。一个看似四通八达、互相链接的网络社会被细化、断裂成有着不同趣味、取向、话语习惯乃至行为规范的小社会。在这样的小社会中,人们追求的也就不是自由的表达或者表达的自由,而是趣味的投契以及幻觉的相互支持。

概念解析

两个卖蛋的经济人

市场竞争只褒奖那些理性地追求利润最大化的企业家,同时用破产或停滞来惩罚那些按另一种方式行事的人。

在一条马路上有两家卖粥的小店,左边一家,右边一家。两家相隔不远,每天的顾客也相差不多,生意都很红火,人进人出的。然而,晚上结算的时候,左边这家总比右边那家粥店多出几百块钱的收入。一年之后,左边的小店变成了大店,扩大了规模,而右边的那家还是一年前的老样子。

有一个人一直迷惑不解,有一天,他走进了右边那家粥店,服务员微笑着把顾客迎进去,给他盛好一碗粥。问道:"加不加鸡蛋?"那人说加。于是,她给顾客加了一个鸡蛋。每进来一个顾客,服务员都要问一句:"加不加鸡蛋?"也有说加的,也有说不加的,两种情形大约各占一半。

又过了几天,那个人又走进了左边那家店里。服务小姐同样微笑着把他迎进去,给他盛好一碗粥,问道:"加一个鸡蛋,还是加两个鸡蛋?"顾客笑了,说:"加一个。"每进来一个顾客,服务员都会问一句:"加一个鸡蛋,还是加两个鸡蛋?"爱吃鸡蛋的就要求加两个,不爱吃的就要求加一个,也有要求不加的,但是这种情形很少。一天下来,左边的这家店就要比右边那家多卖出很多鸡蛋。

人类为了确保自己的生存和增加自己的福利而从事的活动,称为"经济活动"。经济活动的参与者是理性的,是以自我利益为出发点的。经济人的特征可以概括为以下几点:第一是"自利",亦即追求自身利益是驱策人的经济活动的根本动机。个人追求自身利益最大化,只有在与他人利益的协调中才能实现。这就构成了交易的通义。互通有无,物物交换,互相交易是人类本性的第一个根本特征。第二是"理性",经济人能根据市场情况、自身处境和自身利益之所在作出判断,并在各项利益的比较中选择自我的最大利益。他只想以最小的牺牲来满足自己的最大需要,因此,经济人最后就要估算自己拥有的财富的用处,就要进行计算。第三是经济人努力追求自身利益的最大化,最终将促进社会的利益。因此,国民财富增长的原动力就是"经济人"对自身经济利益的追求。

经济人模式无疑为分析人的实际经济行为及其结果(即市场经济)开辟了道路,这种理论追求隐含着经济学家的这种认识论基础:一切市场经济现象都可以视为在交换中,彼此会发生冲突的无数个人追求自身利益的结果,而且正是交换过程产生的某种自发秩序协调着个人利益的冲突。因此,我们在理解整体社会经济现象时,最有效的方法是分析那些作用于个人行为的因素。只有透过研究个人活动的综合影响,我们才能够理解在参与者的个人自愿交换的过程中出现的市场秩序。另一方面,经济人抽象显然有其深刻的现实基础。在市场交易中,利他主义是无法与利己主义进行竞争的,因此会由于得不到强化而最终消失。因为利他主义者对自己的产品和服务所要求的价格总是低于市场价格,所以他们一般总是得到较少的利润和其他货币收入。更为重要的是,以市场交易表达的利他主义是没有多少"效率的"。市场竞争只褒奖那些理性地追求利润最大化的企业家,同时用破产或停滞来惩罚那些按另一种方式行事的人。

正因如此,大多数经济学家对"经济人"的抽象基本上持肯定的态度,而"经济人"则在传统西方经济学中一直扮演着基石的角色,支撑着理论经济学的大厦。诚如经济学家亨利·勒帕日所说:"研究微观经济学的全部著作构成了对'经济人'范例进行经验验证的宏伟建筑,'经济人'这种简化了的个人模式,用卡尔·布鲁内的话来说,即'会计算、有创造性并能获取最大利益的人',是进行一切经济分析的基础。"

小知识

舒茨(1899～1959),美国哲学家,社会学家。主张社会学家应置身于生活世界中,对互为主体性的人们的微观互动过程进行研究,认识社会的结构、变化和性质。故他也把自己的现象社会学称为"生活世界构成的现象学"。著述收入《舒茨文选》(3卷),另著有《生活世界的结构》等。

谁给毛驴爬上屋顶的权力

权力主体是指掌握和行使权力的人或组织。权力可以来源于个人、组织、人民。但权力主体往往不是人民,因为人民作为一个群体来说,太过庞大。

有头驴费尽心机,终于爬上了屋顶。在人们的围观中,它得意地手舞足蹈,跳起舞来,结果把屋顶的瓦片全踩碎了。

主人从地里干活回来,发现了驴子在屋顶上的闹剧后,他立刻爬上屋顶,把驴子赶了下来,并用一根粗棍子狠狠地打了它一顿。

"为什么打我?昨天我发现猴子也是这样跳的。你却非常高兴,好像这样给了你许多欢乐似的。"驴子委屈地说。

"蠢货,爬到屋顶上去跳舞,你以为你是猴子吗?别忘了,你是一头驴。"农夫对驴子又是一顿棒打。

毛驴并没有爬上屋顶的权利,所以农夫有权对他进行棒打。是谁给了农夫棒打毛驴的权力呢?

权利和权力的区别就在于:首先,权利的享有者是自然人,是生而有之的。只要是公民,就能够享有法律赋予的权利,而自然人享有的权力是依靠自身的知识、能力、技术等素质获取的,并具有支配人或物的能力。其次,权利的实现方式是内向的,直接用于保护自己。权力的实现方式是外向的,主要是支配他人。最后,二者的制裁措施不同。权利被侵犯后,主要依靠法律手段予以制裁,因为它的源头是法律。权力虽然也受法律保护,但绝大多数侵犯权力的行为马上就受到权力的制裁,因为权力具有强制性,本身具有制裁力。

权力和权利间具有相互易转化性,这二者相互渗透,权利能够权力化,即私权利转化为公权力;权力也可以权利化。权力和权利的属性有本质区别,权利存在于市民社会,权力存在于政治国家,权力是保障政治社会(国家)独立性的规范标志,权利是保障市民社会独立性的规范标志。

权力具有明显的社会性,同时,又有一种不是人,也不是典型意义上的"物"的存在,就是通常讲的"组织",即行使某种权力的机构、集团或者公民团体。组织可以视为权力的载体,但人在组织中透过职位和身份这些资源来掌握和行使权力,所以离开人的主动行为,权力还是会落空。因此,权力主体是指掌握和行使权力的人或组织。

权力主体和权力来源不一定会完全吻合。在很多情况下,权力主体与权力来源是不同的,权力主体只是作为权力来源体的代表者来行使权力。

权力可以来源于个人、组织、人民。来源于个人的权力可能是出自于此人的身份、地位,掌握的资源等,当然也包括这个人的人格和思想,韦伯就曾说"超凡魅力并不简单的是领袖人格的一种属性,它是一种社会关系"。人格魅力可以成为个人的资本,即使自己没有意识到这一点,但它也会对他人发挥某些意想不到的作用。所以当权力来源于个人且此人不代表任何其他人时,权力主体和权力来源重叠。但需要说明的是,也有人将暴力手段作为个人权力的来源看待。"在各种违法犯罪行为中,出现许多支配性或冲突性权力关系格局。"当某人手上握着把刀,逼我拿出钱包的时候,他拥有权力吗?这充其量只可以称为暴力,权力的低级形态。权力作为人与人的某种关系的本质,暴力只能给智慧的人类带来更多的毁灭,如果权力就仅仅是简单的暴力行为的话,人类将倒退到最原始的蛮荒时代。

权力的第二个来源是组织,组织是许多个人的结合,他们结合在一起希望透过共同的活动来争取利益或达到目标。权力来源是组织,权力的主体可以是个人,比如组织的负责人,也可以是组织本身。权力的第三个来源是人民,具体来讲是来自人民的权利,但权力主体往往不是人民,因为人民作为一个群体来说,太过庞大,比如政府、议会,以及国家领导人的权力都是来自于人民。

小知识

布鲁默(1900～1987),美国社会学家。符号互动论的主要倡导者和定名人,认为人类社会是由具有自我的个人组成的,人类创造并使用符号来表示周围的世界。著有《电影和品行》、《劳资关系中的社会理论》、《工业化与传统秩序》、《符号互动论:观点和方法》。

概念解析

禁书牵扯的社会互动

社会互动就是行动者对其他行动者行为的响应行动。在社会互动中,交互作用是社会互动的基本特征。

伊凡,是一个基督教福音派教徒,因从事传教活动被关在俄罗斯的一个集中营里。当他还自由的时候,他准备在集中营里继续他的传教使命,就把圣经中一些经文记在一个小记事本里。

但是怎样把这个小记事本带进集中营呢?检查一向很严密,新犯人必须沿着一个大空房间的墙壁排成一行,狱卒们逐一进行搜查,而后命令他们走到对面的那边墙站着。

伊凡想出了这个非常大胆的计划:他把小记事本藏在脚下。一个老人,也是基督徒,突然假装身体不适,以他的假装晕倒分散一下看守们的注意力;伊凡就趁此机会把小记事本踢给对面一个已经被检查过的同伴,藏在他的脚下。

就这样,上帝的话进入了俄罗斯的集中营里,并成了许多人"脚步前的明灯,道路上的亮光"。

社会互动就是行动者对其他行动者行为的响应行动。在社会互动中,交互作用是社会互动的基本特征。在这个故事里,伊凡以自己的行动响应了俄罗斯集中营管理者们对信仰自由的禁止,由此这一禁书风波,带有社会互动的显著特征。

个人或群体互动的产生必须具备几个条件:1. 社会互动必须发生在两个或两个以上的人或群体之间,这是互动的结构条件,例如伊凡和集中营管理者。2. 个人之间、群体之间,只有发生了相互依赖性的行动才产生互动,不论这种依赖性是直接的或间接的,是亲和的还是排斥的,例如本文中的被关押者和集中营管理者,他们之间有着直接的依赖关系。3. 参加互动的人都是有意识的,都基于行动者一定的需要与利益,都力图用头脑中成熟了的计划去调动另一方的行动,被关押者与集中营管理者都是为了自己的宗教信仰。4. 社会互动总是在特定的情境下进行的,同一行为在不同的时间、不同的场合具有不同的意义,如果本次行动不发生在集中营里,那就失去了意义。5. 社会互动还会带来一定的效果,对互动双方及他们之间的关系产生一定的影响,并有可能对社会环境产生一定的作用,上帝的话进入了俄罗斯的集中营里,并成了许多人"脚步前的明灯,道路上的亮光"。6. 无论是个人或群体的互动都不可能为所欲为、随心所欲,都必须在一定的规范引导下行动,这次行动就是在伊凡想出的非常大胆的计划中进行的。7. 互动的双方一般互为主体或客体,沟通双方使用统一或相通的符号,沟通双方对交往情境有相同的理解,沟通双方是相互影响的。例如伊凡与老人的合作,被关押者和集中营管理者对双方宗教信仰的彼此理解等。

决定任何互动关系性质的因素无非是利益或精神两大类,只不过所占比例大小不同而已。从互动的性质上可分为理性互动和非理性互动。

社会互动分为宏观互动和微观互动。

日常生活中的互动与沟通。非言语互动分为三大类:动态无声的互动(手势、运动体态、触摸、眼神、面部表情等)、静态无声的互动(静止体态、人际距离)、辅助语言和类语言。

社会互动的类型有三种。顺从型:行动者之间发生性质相同或方向一致的行动过程,有暗示、模仿、从众三种形式。合作型:社会交换和援助行为。冲突型:现实性冲突和非现实性冲突。

本故事属于冲突型互动,其性质是精神和宗教导致的理性互动。既是宏观互动——两种宗教观的互动,也是微观的互动——个人与群体的密切合作。

小知识

科塞(1913~2003),美国社会学家。冲突理论的代表人物之一。研究涉及冲突理论、知识社会学、政治社会学、社会学思想史等领域,尤以冲突理论著称。著有《社会冲突的功能》、《社会冲突研究续篇》、《社会学思想大师》等。

林肯的台阶——人的社会化

社会化从个人来说是将社会的文化规范内化并形成独特的个性的过程;从社会来说,是将一个生物学意义上的自然人教化、培养为一个有文化的社会人的过程。

一个1周岁左右的小男孩,被年轻的妈妈牵着小手来到公园的广场前,要上有十几个阶梯的台阶。小男孩却挣脱开妈妈的手,要自己爬上去。他用胖胖的小手向上爬,他的妈妈也没有抱他上去的意思。当爬上两个台阶时,他就感到台阶很高,回头瞅一眼妈妈,妈妈没有伸手去扶他的意思,只是眼睛里充满了慈爱和鼓励。小男孩又抬头向上瞅了瞅,他放弃了让妈妈抱的想法,还是手脚并用小心地向上爬。他爬得很吃力,小屁股抬得老高,小脸蛋也累得通红,那身娃娃服也被弄得都是土,小手也脏乎乎的,但他最终爬上去了。

这个小男孩,就是后来成为美国第16届总统的林肯。他的母亲便是南希·汉克斯。

林肯的父亲是个农民,家境极为贫穷。林肯断断续续地接受正规教育的时间,加起来还不足1年。但林肯从小就养成了热爱知识、追求学问、善良正直和不畏艰难的好品质。他买不起纸和笔,就用木炭在木板上写字,用小木棍在地上练字。他抓紧一切时间看书学习,练习讲演。林肯失过业,做过工人,当过律师。他从29岁起,开始竞选议员和总统,前后尝试过11次,失败过9次。在他51岁那年,他终于问鼎白宫,并取得了辉煌的业绩,被马克思称之为"全世界的一位英雄"。母亲南希在林肯9岁那年不幸病故。但毫无疑问,她用坚强而伟大的母爱抚育了林肯,使他勇敢而坚定地走向未来。

社会化从个人来说是将社会的文化规范内化并形成独特的个性的过程;从社会来说,是将一个生物学意义上的自然人教化、培养为一个有文化的社会人的过程。试看林肯的成长,这是一个把自然人培养成社会人的过程。

从个人的角度看,林肯只有透过社会化的途径,接受社会文化,掌握社会生活技能,适应社会生活方式,才能在社会的政治制度、经济制度、文化制度、家庭制度等复杂的社会环境中生存。

从社会角度看,社会化是人类社会的文明不断传递和发展的基本条件,社会化的过程就是林肯学习和掌握社会文化。

社会化的主要类型,在林肯身上得到了充分的体现。

预期社会化——儿童和青少年学习基本的生活技能,掌握基本的行为规范,能在社会中担当最基本的角色过程,它是人的社会化的关键、基础阶段;继续社会化——继续学习和掌握社会知识,不断学习新产生的知识;再社会化——个体在社会情境或社会角色发生很大变化时,为适应新情况而在生活习惯、行为准则、价值观念等方面做出重大调整和进行重新学习的过程,或者是社会化失败或反社会化中断以后而进行的社会化过程。

社会化的基本特点是:改变社会化对象原有的世界观、人生观、价值观及生活方式和行为习惯。再社会化的形式分自愿的和被迫的两种。

社会化的目标就是为了形成个性与自我。个性的核心标志是自我。自我又称自我观念或自我意识,它是个体对自己存在状况的觉察,是自己对属于自己的生理、心理状况的认识,其中包括自我批评、自我感觉、自尊心、自信心、自制力、独立性、自卑感等一系列涉及认识自己的内心活动。培养完善的自我观念,就是要把人们对自己的认识与社会规范协调一致,从外在行为到内心世界尽可能地合乎社会的需要。

社会化的最后结果,就是要培养出符合社会要求,能够胜任特定的社会角色的社会成员。

小知识

达伦多夫(1929~2009),德国社会学家。认为现代阶级冲突的根源不是占有和不占有生产资料之间的矛盾,而是权威的分享和排斥之间的矛盾。还提出了社会学人的概念。主要著作有《工业社会中的阶级冲突》、《走出乌托邦》、《社会人》、《阶级后的冲突》、《生活的机会》等。

绕线室实验揭示出非正式组织的作用

非正式组织与正式组织具有重大区别。非正式组织反映的是人际关系,所以奉行的是"感情的逻辑"。一般情况下,管理人员更看重效率,而工人则更看重感情。所以,效率逻辑可以认为是"经理的逻辑",而感情逻辑可以认为是"工人的逻辑"。

霍桑绕线室实验的主要研究者,是罗特利斯伯格和西部电气公司员工关系研究部的迪克森。

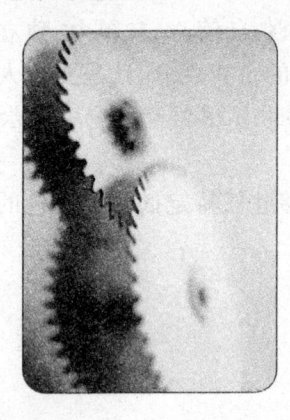

从1931年11月开始了绕线室观察实验。绕线室有14名男工进行实验,他们在一个屋子里工作,具体任务是装配电话交换机上的接线器。他们之间的工作紧密相连,9名绕线工分为3组,在接线柱上绕线圈;3名焊工负责把接头焊接起来,2名检验工对绕线和焊接的质量进行监测。实验的基本内容是在这个群体中试行一种特殊的个人计件工资制:工资数额是计件的,但却不是按个人的产量计酬,而是按集体的总产量计酬;报酬由厂方直接支付给个人,而不是交由小组自行分配。这样,工人完成的工作量,不但决定着自己的工资,而且直接影响着一起干活的同事们的收入。

这个实验就是要看看,当每个工人的工作情况不但与自己的报酬、而且与同伴的报酬紧密关联时,工人会如何办?怎样协作?

他们透过观察发现,工人的产量标准不能由外部强加给工人,而只能由工人自己形成。按照科学管理的动作分析和工时研究,每个工人每天能够完成7 312个焊接点,但工人在事实上只完成6 000~6 600个。一旦达到这个数量,即使离下班还有一段时间,工人也会停下来,或者在接近这个数量时放慢速度消磨时间。当然,工人的干活快慢因人而异,但那些干得快的工人会把握自己的进程。例如,干活利索的工人,上下午的数量差别较大,而干活缓慢的工人,上下午数量基本相当。这说明,那些干活迅速的工人不是不能多干,而是在下午故意放慢进度。

这一现象,意味着工人的个人工作能力与他们实际完成的工作数量没有关系,而工人的团队环境则与完成的工作数量直接相关。显然,到这一步,对工人的管理就不再是技术性问题,而是社会性问题。

工人在上报产量时,会有意均衡数额。实际上,一个人干活是快慢不等的。但是,他会悄悄把自己的产量拉平。这样,统计表上的产品在数字上几乎没有变化,生产曲线图接近水平直线。如果某个工人的产量增加了,他就会把多出来的部分藏起来,只上交同别人一样的数量,此后则故意降低速度,把以前多干的活填充进去。而且往往是能干的工人有意要干得慢一些。研究小组为了掌握工人的差别,对工人做过灵敏度测验和智力测验。测验结果同生产统计表相比,令人大跌眼镜——三个干活速度排在倒数前三名的绕线工,灵敏度测验的得分反而高;其中干活最慢的工人,测验出的灵敏度排名第三,智力排名第一。

这说明,工人自己的工作水平和工作进展,不是受个人的能力支配,而是受群体的行为规则支配。

同时,工人的人际关系,对行为的影响远远超出了厂方的想象。有一些大家都认可的行为准则和价值准则,能够有效制约工人的表现,而且对工人的人格养成与群体关系有着重要作用。例如,几乎所有人都认为,作为工友,不能打"小报告"。即使你的同伴有不当之处,你规劝他甚至同他吵架都在情理之中,但你如果向工头或厂方汇报,你的人格就有问题。作为一个工人,要"像个工人",故作矜持或一本正经,像个"大人物"那样,则会被工友指指点点,甚至遭到恶作剧式的嘲弄。如果你拒不参与工人之间常有的一些表现亲昵的举动,诸如打赌、嬉闹等,你就不是"自己人"。生产上的问题是留给工头和经理去操心的,轮不上你来管,过于好管闲事,显示自己,会被人看作是想向上爬,诸如此类。这种行为准则,几乎没有人怀疑它的正当性。这些准则都是关于"人"的,不是针对工作的,但却对工作有着重大影响。

这说明,工人不是工作机器,而是处于社会中的具有情感交流和团体归属的人群,人际关系问题直接作用于工作数量和工作效果。

绕线室实验就是社会学向管理学渗透的标志。实验人员对工人行为不加任何干预,只是观察和记录。如果说,在霍桑的其他实验里观察者实际上起到了一定的"干预"个人行为作用的话,那么,在绕线室的观察就是完全"消极"的。这一差别,正是其他实验促进了生产率提升,而绕线室的产量并未增长的奥秘所在。这一实验的重大发现,主要集中在工人的自发性行为规范和社会性非正式组织方面。

非正式组织与正式组织具有重大区别。组织不仅仅是一种工作结构体系,而且是一种人际交往体系。正式组织反映的是工作结构,所以奉行的是"效率的逻

59

概念解析

辑"；而非正式组织反映的是人际关系，所以奉行的是"感情的逻辑"。讲求效率往往推崇理性，而感情则具有浓厚的非理性倾向。一般情况下，管理人员更看重效率，而工人则更看重感情。所以，效率逻辑可以认为是"经理的逻辑"，而感情逻辑可以认为是"工人的逻辑"。

小知识

埃文斯·普里查德（1902～1973），英国社会人类学家。撰写的《努尔人》一书，已经成为人类学专业的经典著作。最重要的贡献在于，他指出了亲属制度中的裂变分支体系，他对于原始认知的研究，也成为许多人类学后续研究的出发点。著有《阿赞德人的巫术、神谕与巫术》、《努尔人的亲属制度与婚姻》、《努尔人的宗教》、《社会人类学论集》、《原始宗教理论》等。

袋鼠钻了公共权力中法津权力的空子

在公共共有权力中,由于其权力是社会成员自愿适度出让的,所以规范权力的决策、执行的法律属于上位法律,是社会成员共同出让权力搭建的一个社会权力平台。

动物园里新来了一只袋鼠,管理员将它关在一片有着一米高的围栏的草地上。

第二天一早,管理员发现袋鼠在围栏外的树丛蹦蹦跳跳,立刻将围栏的高度加到两米高,把袋鼠关进去。

第三天早上,管理员还是看到袋鼠在栏外,于是又将围栏的高度加到三米,把袋鼠关了进去。

隔壁兽栏的长颈鹿问袋鼠:"依你看,这围栏到底要加到多高,才能关得住你?"

袋鼠回答道:"这很难说,也许五米高,也许十米,可能加到一百米高——如果那个管理员老是忘了把栏门锁上的话。"

如果法律有漏洞,公共权力将会失去约束力。

社会法律是社会权力的具体体现,没有规矩不成方圆,只要社会存在,都有其必然的规范社会成员的法律,就像本文的围栏一样。下面我们将公共共有权力的法律体系和公共私有权力的法律体系中的各种权力分别给予阐述。

权力与法律都是社会的一种带有强制性的支配力量,是保证社会有秩序和有效运转的必要手段。与法律相比,权力作为一种强制性的支配力量更多地具有特殊性和带有人格化。法律是具有普遍性的和非人格化的支配力量。法律产生于普遍的公共权力,但法律一经产生,就要约束所有的权力,一切权力要授之于法,施之于法,法律必须以国家权力为后盾,否则就是一纸空文。法律是经过许多社会各方面利益代表性的人物,经反复讨论和达成利益妥协后制定下来的东西,它是理性的、稳定的、不为私利所驱动的,并且人们能事先预见其后果的尺度。

在公共共有权力中,由于其权力是社会成员自愿适度出让的,所以规范权力的决策、执行的法律属于上位法律,是社会成员共同出让权力搭建的一个社会权力平

概念解析

台,所以每一位社会成员都有均等参与公共共有权力的决策权、都有等同的机会参与获得公共共有权力执行权的竞争权、都有保护自身权力的神圣不可侵犯的权力、都有罢免不合格公共共有权力执行者的权力。

公共共有权力的决策权就是法律的立法权,就是规范社会成员不能做什么和公共共有权力能做什么的权力,它关乎社会每一位成员的行为,涉及每一位社会成员自由度的出让,所以,这个权力是不能被代表的,应由每一位社会成员参与,当然,参与是自愿的,社会成员可以放弃参与,但是并不意味他有权违背通过公决的法律,公决过程恰恰是法律到达每一位社会成员的过程,它保证了每一位社会公民的知情权,在法律层面上为社会创新提供了保障。

公共共有权力执行者的权力,它只是,也只能是法律、临时法案的忠实执行者,只能对违背法律、临时法案的社会界定的法律主体实施制裁,它没有最终的裁决权,也没有决策权,并对公共共有权力不作为、越权作为承担赔偿责任,不管它的出发点如何。例如文中动物园的管理员。

法律的最终裁决权应归全体社会成员所有,应由独立法院制度下的、独立法官主持的、社会成员代表组成的陪审团给予最终裁决,用于处理公共共有权力执行者不公执法行为的裁决。

社会成员有保护自身权力的神圣不可侵犯的权力,对于社会成员是否有权制止侵犯行为的权力,这要看公决后法律所赋予的权力。

在公共共有权力的社会中,社会成员行为所要遵从的唯一因素是法律,这种遵从是出于自愿,出于自身的利益和意志,所以违法行为只是极少数社会成员的行为,由此决定了在公共共有权力社会中权力运行的低成本。

小知识

格迪斯(1854～1932),英国生物学家,社会学家。现代城市研究和区域规划的理论先驱之一。主张在城市规划中应以当地居民的价值观念和意见为基础,尊重当地的历史和特点,避免大拆大建。格迪斯还视城市规划为社会变革的重要手段,运用哲学、社会学和生物学的观点,揭示城市在空间和时间发展中所存在的生物学和社会学方面的复杂关系。著有《进化中的城市》等书。

从乞丐违约看社会契约的作用

社会契约和原初状态观念是罗尔斯所说的代表制的设计。社会契约的各方当事人是自由、平等的公民代表，代表他们在某一公平条件下达成一致的协议。

一个沿街流浪的乞丐每天总在想，假如手头要有两万元钱就好了。一天，这个乞丐无意中发觉了一只跑丢的小狗，很可爱，乞丐发现四周没人，便把狗抱回了他住的窑洞里，拴了起来。

这只狗的主人是本市有名的大富翁。这位富翁丢狗后十分着急，因为这是一只纯正的进口名犬。于是，就在当地电视台发了一则寻狗启事：如有拾到者请速还，付酬金两万元。

第二天，乞丐沿街行乞时，看到这则启事，便迫不及待地抱着小狗准备去领那两万元酬金，可当他匆匆忙忙抱着狗又路过贴启事处时，发现启事上的酬金已变成了3万元。原来，大富翁寻狗不着，又电话通知电视台把酬金提高到了3万元。

乞丐似乎不相信自己的眼睛，向前走的脚步突然间停了下来，想了想又转身将狗抱回了窑洞，重新拴了起来。第三天，酬金果然又涨了，第四天又涨了，直到第七天，酬金涨到了让市民都感到惊讶时，乞丐这才跑回窑洞去抱狗。可想不到的是，那只可爱的小狗已被饿死了，乞丐还是乞丐。

乞丐违约而使自己还是乞丐。这里面的契约仅仅是简单寻物约定，但它已经能够折射出社会契约的价值和作用。

社会契约概念是想象的、假设的，是推导出某一结论的特殊程序。社会契约概念假定了一种关于政治秩序的理念，是对政治秩序的一种追求。

人有平等地相互尊重和在设计政治制度时同等被关注的地位。由于古典契约论的理论家们对理性的功能深信不疑，因此，在他们那里，订立契约的方法毋须对理性作深入地探讨。罗尔斯面对的是各种有分歧的难题，各不相同的并且有合理性的观点和多元理性，因此，对他来说，订立契约的方法首先是处理理性一致性的问题，引进技术性的设计方法，如无知之幕。

由于社会契约观念预先假定,各方代表人是自由、平等并拥有理性能力的,他们排除了暴力、强制、欺骗和欺诈。对罗尔斯而言,他把契约构想成对政治安排的可欲性和可行性的一种试验。社会契约和原初状态观念是罗尔斯所说的代表制的设计。社会契约的各方当事人是自由、平等的公民代表,代表他们在某一公平条件下达成一致的协议。

罗尔斯认为,社会契约并非是历史性的事件。它是假设的、非历史性的。这就是所谓理性的当事人在某些条件下达成的一致。这是一种意识的契约,甚至不是相互交流的行为。

在罗尔斯契约论中各方代表仅仅关注他或她自己的利益,罗尔斯把这描述为相互冷漠。为什么罗尔斯作如此假设?有两种可能性:首先,人们实际上是自利的。但他在《正义论》中后来所说的又清楚地表明他并不认为他们都是自私的。其次,罗尔斯想采用一种弱假设。尽管他认为人们确实是社会性的,但他不想把这作为其论证所必需的条件。他的论证所需要的只是原初状态中的人们是自利的,他们接受的是最大、最小值策略。

契约的目的在于确定,什么才是我们的社会所需要的正义;正义原则为我们的基本社会制度应该作出什么样的规定。各方从一系列可供选择的原则中选择两个正义原则,排斥了混合原则、目的论原则、直觉主义原则和利己主义原则。两个正义原则把我们作为平等自由的道德人来尊重,这样的原则是我们每一个人都可以接受的,它们是透过社会契约设计被选择的原则。

夜郎自大拉开的无知之幕

无知之幕的目的在于排除特殊信息,以此发展出一种人人能普遍同意的道德学说。正义不是基于某些制度化特征使一些人比另一些人更有利。无知之幕正表达了这一思想。

汉朝的时候,在西南方有个名叫夜郎的小国家,它虽然是一个独立的国家,可是国土很小,百姓也少,物产更是少得可怜。但是由于邻近地区以夜郎这个国家最大,从没离开过国家的夜郎国国王就以为自己统治的国家是全天下最大的国家。

有一次,汉朝派使者来到夜郎,途中先经过夜郎的邻国滇国,滇王问使者:"汉朝和我的国家比起来哪个大?"使者一听吓了一跳,他没想到这个小国家,竟然无知到自以为能与汉朝相比。

没想到后来使者到了夜郎国,骄傲又无知的国王因为不知道自己统治的国家只和汉朝的一个县差不多大,竟然不知天高地厚,也问使者:"汉朝和我的国家哪个大?"

夜郎国的自大源于无知,无知的好处是对事物具有平等的认知机会。这在社会学家罗尔斯的眼里就是原初状态下的无知之幕。

在继承和发展传统的社会契约概念上,罗尔斯发明了原初状态这一理性设计。这种最初状态非常特殊,是一种假设的公平状态,是为保证任何已经选择的制度而设计的,它是极其公平的。设计原初状态的目的在于,原初状态观念旨在建立一种公平的程序,以使任何达成同意的原则都将是正义的。一旦公平的程序已经建立,不管什么样的程序,倘若程序能够得到很好的遵循,结果应该是公平的。

在原初状态中,我们必须区分各方当事人、良序社会的公民和我们自己。各方代表人不是实际的人,他们仅仅是一种假想的生命,居住于我们的代表制的设计中。各方代表的本性与我们(你和我)相似,透过反思的平衡评估正义观念。

为此,罗尔斯又提出无知之幕背后决定正义原则的社会契约的各方当事人。这意味着,他们对自己的某些事实并不知道:

(1)他们不知道自己在社会中的地位。

（2）他们不知道他们的自然天赋（如智力）。

（3）他们不知道自己的善的观念，即他们的生活中值得追求的。

（4）他们不知道自己社会所处的特殊环境，如经济发展水平等。

那么，他们又知道些什么呢？他们知道人类社会的一般事实，政治事务和社会经济原则，基本社会组织和人类心理原则。他们试图尽最大的可能发展善的观念。

为什么需要无知之幕？无知之幕的目的在于排除特殊信息，以此发展出一种人人能普遍同意的道德学说。如果我们将要决定什么是最好的正义原则，什么是无关紧要的因素，如允许某人提出只对他或她本人有利的原则。正义不是基于某些制度化特征使一些人比另一些人更有利。无知之幕正是表达了这一思想。无知之幕观念意在保护在自由平等的人们之间，为了对政治的正义原则达成公平一致的协议，必须把各种条件规定得足以消除那些在交易中占便宜的现象，而这些现象在任何社会制度背景中是不可避免的。

纯粹程序正义的巨大优点在于，在满足正义的要求时，它不再需要追溯无数的特殊环境和个人不断改变着的相对的目的。似乎没有一种更好的方式，从社会基本理念出发，详细阐述适用于社会基本结构的政治正义概念，特别是，当我们把社会看作是世代延续的时候，这一点似乎更为明显。罗尔斯透过无知之幕这一知识程序，摆脱了个人、民族情感在选择伦理原则中的偏见。他似乎是扮演了一个大法官的角色，把各种价值判断综合起来进行考察，力图作出客观而中立的分析。

需要强调的是，在罗尔斯的论证过程中，无知之幕是一个开放的过程。当各方对正义原则已作出了选择，罗尔斯认为就可以放宽对知识的限制。

值得注意的是，无知之幕的结果之一就是每个人都是一样的：既然我们都实际拥有同样的信息，都不知道自己的特征，我们就都会以同样的方法进行推理。

小知识

罗伯特·金·默顿（1910～2003），美国著名的社会学家，科学社会学的奠基人和结构功能主义流派的代表性人物之一。20世纪最杰出的社会科学家之一。著有《17世纪英国的科学、技术与社会》《社会理论与社会结构》《科学社会学》《理论社会学》等。

20美元引出的资产社会政策

资产社会政策针对传统社会政策的概念,提出了一套整合经济发展与社会政策的新概念和新假定。它表明资产本身而不是收入具有特定的和重要的福利效应。它提出要为穷人进行资产建设的新社会政策范式。

在一次讨论会上,一位著名的演说家没讲一句开场白,手里却高举着一张20美元的钞票。

面对会议室里的 200 个人,他问:"谁要这 20 美元?"一只只手举了起来。他接着说:"我打算把这 20 美元送给你们中的一位,但在这之前,请准许我做一件事。"他说着将钞票揉成一团,然后问:"谁还要。"仍有人举起手来。

他又说:"那么,假如我这样做又会怎么样呢?"他把钞票扔到地上,又踏上一只脚,并且用脚碾它。尔后他拾起钞票,钞票已变得又脏又皱。

"现在谁还要?"还是有人举起手来。

"朋友们,你们已经上了一堂很有意义的课。无论我如何对待那张钞票,你们还是想要它,因为它并没有贬值。它依旧值 20 美元。在上帝的眼中,它永远不会丧失价值!"

这是一则关于资产的故事。现在,一个以资产为基础的社会政策正在形成之中。

以资产为基础的社会政策是针对以收入为基础的社会政策提出的。收入指的是金钱物品和服务的流动,资产指财富的储蓄和积累。由于资产社会政策是在政府的政策支持下,透过来自政府资源的资产作为穷人资产的启动支持形式,所以这些试点或者示范工程也被称之为资产建设。

资产建设成为当代的一个新词汇。它代表着一种社会新形象。首先,它表明资产本身而不是收入具有特定的和重要的福利效应。个人积累的资产远远不止是一种对未来消费的贮存,而且会产生消费以外重要的经济、心理和社会效应。其次,它表明大部分家庭的资产积累来自制度化的政策而不是收入减去消费的一种剩余,是政府以进入家庭的各种制度设计将货币直接引向资产积累。第三,它提出要为穷人进行资产建设的新社会政策范式,这就是将制度化的资产积累政策引入穷人家庭,穷人需要获得资产援助而不只是获得传统的收入援助。政府对穷人的转移支付不只是收入也应包括资产。只有这样,才有助于协助穷人长远地脱离贫穷。显然,资产社会政策的目标是使得社会的每一个人彻底摆脱贫困,透过跨代的资产累积与发展,获得长远幸福。例如本故事所讲,直接将资产引入个人家庭。

在对社会政策的社会选择中,最大难题莫过于两个非同构型的社会目标——缓解贫困与社会发展之间所具有的不相融的一面。

资产社会政策针对传统社会政策的概念,提出了一套整合经济发展与社会政策的新概念和新假定。例如,传统的福利概念以某种水平的收入来界定。资产社会政策重塑福利概念,提出维持金融基础的家庭福利概念既包括资产也包括收入。

资产社会政策以是否拥有资产和资产积累的多寡界定能力贫困和长期贫困,引入对资产积累的多元社会效应的分析方法,设立了社会政策的新假定——收入加资产,比目前的单一收入模式更有利于取得积极的福利效果。

资产社会政策将财产提升到社会资源序列的第一位,提出财产是获得长期福利的保障。由于在非穷人的资产建设政策中,"地位和权力"这些非经济资源成为资产积累制度化的敲门砖,所以,需要设立专为穷人的资产政策。

资产社会政策突破了传统的社会福利领域,将政策领域延伸到纯粹的经济领域。这种做法将资产政策与收入维持政策相结合,可建立起整合型的社会政策机制。政策工具主要是政府支持的个人发展账户。

超越国界的社会政策需要一个适应全球化环境的方式和工具,不管劳动者在哪里工作,他们都应该能够参加退休计划和医疗保健。个人发展账户鉴于其便捷性、个人控制权和选择权,可能成为地区与全球社会政策的主要工具。

由此看来,从传统的以收入为本的社会政策走向资产为本的社会政策,的确在社会政策的基本概念、资源序列、基本特征和政策工具层面发生了重大变化。

小知识

丹尼尔·贝尔(1919~2011),出生于纽约一个东欧犹太移民家庭。他深入分析了当代社会政治、经济、文化各个领域的现象和问题,撰写了一系列颇具影响的著作。他的名字和"意识形态的终结"、"后工业社会"和"资本主义文化矛盾"总是紧密地联系在一起。著有《意识形态的终结》、《后工业社会的来临》、《资本主义文化矛盾》等。

老鼠被吃是因为没有人格权力

人格权力又称为影响力。影响力是由人格、智能、吸引力、知识等因素决定的。有时在某个领域的成就会促使在其他的领域具有影响力。

一只四处漂泊的老鼠在佛塔顶上安了家。

佛塔里的生活实在是幸福极了,它既可以在各层之间随意穿梭,又可以享受到丰富的供品。

它甚至还享有别人所无法想象的特权,那些不为人知的秘籍,它可以随意咀嚼;人们不敢正视的佛像,它可以自由休闲,兴起之时,甚至还可以在佛像头上留些排泄物。

每当善男信女们烧香叩头的时候,这只老鼠总是看着那令人陶醉的烟气,慢慢升起,它猛抽着鼻子,心中暗笑:"可笑的人类,膝盖竟然这样柔软,说跪就跪下了!"

有一天,一只饿极了的野猫闯了进来,它一把将老鼠抓住。

"你不能吃我!你应该向我跪拜!我代表着佛!"这位高贵的俘虏抗议道。

"人们向你跪拜,只是因为你所占的位置,不是因为你!"

野猫讥讽道,然后,它像掰开一个汉堡包那样把老鼠掰成了两半。

老鼠被吃掉是因为它仅仅是老鼠,人们膜拜的是它所处的位置而不是它的人格魅力。

社会学中,人格研究的目标是尽可能深刻、完全和准确地理解人。人格的形成与个体的习惯密不可分,而习惯的养成,固然有外界环境的影响和作用,也是个体不断尝试着适应环境,尝试让自己接受现状的过程。

人格要发挥其价值,就必须适合社会环境需要。如果脱离社会环境的需要,也就失去了人格所具有的价值。

概念解析

人格的主体是人。因此对人格的研究应该放到人所生存的环境中去,它应该包含个人存在的物质环境,以及客观存在给个体影射的精神环境。

个体在不同情境下所表现出来的差异是内部稳定而有机的人格结构的反映。

人格权力又称为影响力。如果说权威来自对拥有政治机构和政治程序的人的尊重,影响力则是来自对拥有一群追随者之人的尊重。影响力是由人格、智能、吸引力、知识等因素决定的。有时在某个领域的成就会促使在其他的领域具有影响力。我们知道,许多优秀运动员在比赛中获得冠军,随后为各种产品做广告。

在一对一的基础上,有影响力的人能够运用自己的人格力量去控制别人。在政治上,这种力量称为感召力。感召力在古代宗教上的意思是"不可思议授予的权力"。德国社会学家马克斯·韦伯把它转换成一个政治概念。在政治方面,感召力指某些人所具有的一种能够使别人对他盲目追随的超人品格。

从原始的意义来说,耶稣、穆罕默德和其他伟大的宗教领袖具有超凡的感召力。在20世纪的政治领袖中,罗斯福、丘吉尔等都具有感召力。在当代,感召力的范围更加广泛,任何具有个人吸引力的政治家都被视为具有感召力。

像其他类型的权力那样,影响力也是一种关系。因此,一位领袖除非有其他人受他的影响,否则,他是称不上有影响力的。这是最明显,也是最基本的要点。有些人在施展影响力时并没有意识到它的存在。我们认识一些我们所敬仰的人,例如,一位成功的亲戚,一位知识渊博的教授,或者一位迷人的电影明星。我们虽然没有留意,但是,在我们以他们作为榜样时,他们已经对我们的行为造成了影响。然而,政治上的影响力总是涉及有意识地利用诸如感召力等个人的品格去控制别人。因此,有感召力的政治家知道自己所具有的天赋并有意培养这种天赋。

影响力还有另外一个特征:具有影响力的政治领袖不需要通过一个职位来控制别人。控制的来源是人,而不是职位。我们服从政治领袖,可以服从他的职位,也可以是服从他这个人。前者是一种权威,而后者则是一种感召力。

小知识

伯吉斯(1886~1966),美国社会学家,芝加哥学派的主要代表人物之一。著有《社会学导论》(与 R.E.帕克合著)、《家庭——相互影响的个性之统一体》、《婚姻关系成败预报》(合著)、《家庭:从建立到伙伴关系》(合著)、《订婚与结婚》(合著)等。

班长指挥司令的合法权力

由于政治越来越制度化，政治权威通常由政治机构和政治程序授予。权威表明一个人获得了合法性，有权对其他人做出决定。在政治方面，权威由政治机构开始流向占据政治机构职位的人。这意味着服从合法的决策者的命令不一定要喜欢这个决策者或者这个决策。

南美独立战争期间的一个冬天，在某兵营的工地上，一位班长正在指挥几个士兵安装一根大梁："加油，孩子们！大梁已经移动了，再使把劲，加油！"

一个衣着朴素的军官路过这里，见状问班长为何不动手。"先生，我是班长。"班长骄傲地回答说。

"噢，你是班长。"军官叫了一声，随后下马和士兵们一起干了起来。

大梁装好后，军官对班长说："班长先生，如果你还有什么同样的任务，并且还需要更多的人手，你就尽管吩咐总司令好了，他会再来帮助您的士兵的。"

班长愣住了，原来这位军官就是南美大陆的"解放者"、独立战争的著名领袖和统帅西蒙·玻利瓦尔。

在班长和领袖之间，有一个权力合法性问题，班长有权力指挥别人劳动，但这种权力只限于他管理的一个班内。班长之所以是班长，与他在班内权威分不开。

权力自产生起就存在被认同的问题，也就是权力的正当性与合法性问题。

权力的来源是什么？为维持社会秩序，必须要有公权力，但任何权力若仅依凭强力，社会不可能持续安定；权力的另一本质是"靠着劝说而来"，即社会成员在一套世界观的支配下，用特有的诠释系统把国家形态与社会结构概念化、合理化，使所有成员都相信那样的结构形式与内容是合理的，或者是命定的、不可更改的。社会成员的内心认可，是权力正当性与合法性最重要的基础。拥有合法权力意味着做出决定的人可以执行这些决定而不需要采用威胁、承诺和操纵手段。权力的对象接受决定者的权威。

概念解析

在个人的水平,权威是指那些对某个特定的主题比别人懂得更多。我们说,某个人是权威,如医师、经济学家、科学家等,指的就是这个意思。如果说某个人是权威,这意味着别人要接受他的判断而不需要证明。医师对大多数诊断不需要进行解释,病人都会接受医师的结论,因为病人已经假定医师更了解病人的身体状况。真正的权威做出的决定是没有疑问的。越多人要求证明和解释表明这个权威越不可信。

由于政治越来越制度化,政治权威通常由政治机构和政治程序授予。当我们考虑政治的时候,我们最好去考虑领袖的权威。权威表明一个人获得了合法性,有权对其他人做出决定。在政治方面,权威由政治机构开始流向占据政治机构职位的人。这意味着服从合法的决策者的命令不一定要喜欢这个决策者或者这个决策。在政治制度中,权威是至关重要的;权威给予政治领袖以空间做出不能满足所有人的要求的决定而不会引起反叛。反过来,权威也维护着这个政治制度的稳定性,这意味着支持政治机构作为决策者继续运作。政治领袖或者政府机构获得越多人的认可,其合法性就越强,国民服从政治领袖或者政府决策的可能性就越大。

政治领袖不能完全获得他想要的权威。权威必须经过该社会民众的同意。不管是总统还是国王都无权统治人民,除非人民授权给他们。他们可以引用古老的传统、高贵的血统、神圣的权力来证明自己的统治的正当性,但是,只有国民接受这种证明,他们的统治才是合法的。

在合法的君主政治体制中,加冕仪式象征着权力的有序转移。在西方民主国家,选举程序确定谁将被授予做决定的权力。选举在合法化方面起着非常重要的作用。因为,选举被认为是合法的,被选举出来的官员才被承认有权威。

小知识

伯格(1929~),美国社会学家。现象学社会学的主要代表人物之一。伯格的社会学思想具有人本主义和现象学的特征。他认为,社会学的任务是发现人类的价值、研究人类自身的状况。他提出"方法论的无神论"研究准则,其宗教对人类建构和维系世界的作用理论及宗教世俗化分析,对宗教学和社会学都产生了影响。著有《社会学入门》、《现实的社会建构》(与 T. 卢克曼合著)、《神圣的帷幕:宗教社会学理论诸要素》、《天使的传言:现代社会和超自然的再发现》和《异端的命令:宗教命题在当代的可能性》等。

女人使用操纵权力驯服了狮子

操纵权力不是建立在公开传达信息的基础上。操纵权力的行使者试图透过较为巧妙的方式来改变其他人的部分或者全部价值观。

一位妇女因为丈夫不再喜欢她了而烦恼。于是,她乞求神给他帮助,教会她一些吸引丈夫的方法。神思索了一会儿对她说:"我也许能帮你,但是在教会你方法前,你必须从活狮子身上摘下三根毛给我。"

恰好有一头狮子常常来村里游荡,但是它那么凶猛,一吼叫起来人都吓破了胆,怎么敢接近它呢?但是为了挽回丈夫的心,她还是想到了一个办法。

第二天早晨,她早早起床,牵了只小羊去那头狮子常出现的地方,放下小羊她便回家了。以后每天早晨她都要牵一只小羊给狮子。不久,这头狮子便认识了她,因为她总是在同一时间、同一地点放一只温顺的小羊讨它喜欢。她确实是一个温柔、殷勤的女人。

不久,狮子一见到她便开始向她摇尾巴打招呼,并走近她,让她敲它的头,摸它的背。每天女人都会站在那儿,轻轻地拍拍它的头。

女人知道狮子已完全信任她了。

于是,有一天,她细心地从狮子鬃上拔了三根毛。她激动地拿给神看,神惊奇地问:"你用什么绝招弄到的?"

女人讲了经过,神笑了起来,说道:"以你驯服狮子的方法去驯服你的丈夫吧!"

在这个故事里,神操纵着女人,而女人操纵了狮子。

被别人所控制但是自己却不知道,这就是操纵权力。操纵权力是如何发生的呢?在强制权力和功利权力中,在控制者和被控制者之间存在有意识的关系。控制者必须把威胁或者承诺传达给被控制者,让被控制者衡量行动的后果。但是,操纵权力不是建立在公开传达信息的基础上。操纵权力的行使者试图透过较为巧妙的方式来改变其他人的部分或者全部价值观。

操纵是个心理重塑的过程,心理重塑是非常不寻常的。但是,特定态度或者信仰的重塑则是比较平常。跟操纵权力关系最密切的重塑技术包括洗脑、宣传和社会化。洗脑是最特殊和个性化的,因为洗脑通常发生在战争时期,交战的一方试图

73

摧毁俘虏的心理抵抗力时,会向其灌输一整套新的价值观。

宣传是一种更重要的操纵方式,是一种透过心理技术进行操纵的有意识的行为动机。宣传其实是一种广告;事实上,推销候选人和理念的政治宣传技术与推销肥皂、啤酒和汽车的广告非常相似。宣传的概念自从300多年前出现在欧洲以来没有很大的变化。宣传的最初意思是透过各种劝说技术来推广某种观念和价值观。

大多数政治活动家都运用宣传的手段,但是,有些人用得成功一些。许多失败的宣传是由于不够巧妙,使假设被影响的人知道了宣传者的意图而对抗这种宣传。有些巧妙的宣传获得成功,发挥了效力。这种宣传往往是将宣传与潜意识的欲望反应联系起来。在商业广告中,我们可以看到,许多汽车制造商将他们的产品跟性和魅力联系起来,啤酒制造商则试图让男性消费者相信,喝啤酒是男性的生活方式。操纵权力不是建立在公开传达信息的基础上。操纵权力的行使者试图透过较为巧妙的方式来改变其他人的部分或者全部价值观。

我们大家都是透过社会化过程学到大多数价值观。政治社会化是人们学习他们所在社会的政治价值观的过程。虽然几乎所有人都经历过社会化过程,但是,要分离出社会化这个概念却不太容易,因为这个过程太深入太普及。

在日常生活中,家庭、朋友、学校、老板、报纸、电视、网络和政府都在向人们讲授政治价值观。这种学习过程有些是有意的,有些是无意的或者自动的;这是一种持续的过程,可以从一代延续到下一代而不受任何人的控制。如果我们认为这种自动的社会化是一种操纵行为,那么我们可以看到,所有的社会或者文化都是操纵者,而社会中的个体成员都是被操纵者。

小知识

布劳(1918~2002),美国社会学家。社会交换论的代表人物之一。主要从事社会学经验研究和理论建设工作,探讨社会结构、社会组织问题。著有《官僚组织动力学》、《社会生活中的交换与权力》、《美国职业结构》(合著)、《不平等和异质性——社会结构的原始理论》等。

酿酒酿出的小样本统计方法

总体应理解为含有未知参数的概率分布(总体分布)所定义的概率空间;要根据样本来推断总体,还必须强调样本要从总体中随机地抽取,也就是说,一定要是随机样本。

戈塞特是英国统计学家,出生于英国肯特郡坎特伯雷市,求学于曼彻斯特学院和牛津大学,主要学习化学和数学。1899年,戈塞特进入都柏林的A.吉尼斯父子的酿酒厂,在那里可得到一大堆有关酿造方法、原料(大麦等)特性和成品质量之间的关系的统计资料。

在酿酒厂工作中发现,供酿酒的每批麦子质量相差很大,而同一批麦子中能抽样供试验的麦子又很少,每批样本在不同的温度下做实验,其结果相差很大。这样一来,实际上取得的麦子样本,不可能是大样本,只能是小样本。可是,从小样本来分析数据是否可靠?误差有多大?小样本理论就在这样的背景下应运而生。1905年,戈塞特利用酒厂里大量的小样本数据写了第一篇论文《误差法则在酿酒过程中的应用》,在此基础上,1907年,戈塞特决心把小样本和大样本之间的差别搞清楚。为此,他试图把一个总体中的所有小样本的平均数的分布刻画出来。做法是,在一个大容器里放了一批纸牌,把它们弄乱,随机地抽若干张,对这一样本做实验记录观察值,然后再把纸牌弄乱,抽出几张,对相应的样本再做实验观察,记录观察值。大量地记录这种随机抽样的小样本观察值,就可藉以获得小样本观察值的分布函数。若观察值是平均数,戈塞特把它叫做 t 分布函数。

吉尼斯酿酒厂的规定禁止戈塞特发表关于酿酒过程变化性的研究成果,因此戈塞特不得不于1908年,首次以"学生"为笔名,在《生物计量学》杂志上发表了"平均数的概率误差"。他在文章中使用 Z 统计量来检验常态分配母群的平均数。由于这篇文章提供了"学生 t 检验"的基础,为此,许多统计学家把1908年看作是统计推断理论发展史上的分水岭。戈塞特开创的理论使统计学开始由大样本向小样本、由描述向推断发展,因此,有人把戈塞特推崇为推断统计学的先驱者。

在信息缺乏和时间紧迫的情况下制定决策,对技术人员而言并不少见,实际上,许多技术员对此已习以为常了。可靠性试验成本高昂,并需要先于竞争者接触

概念解析

市场。因此留给数据分析者和技术员的数据经常无法令人满意。如果你就是这些技术员中的一员,了解这些压力,并想知道如何利用这些小样本数据,以实现良好的可靠性估计,那么戈塞特发明的小样本统计法就有了特殊的意义。

戈塞特这项成果,不仅不再依靠近似计算,而且能用所谓小样本来进行推断,并且还成为使统计学的对象由集团现象转变为随机现象。换句话说,总体应理解为含有未知参数的概率分布(总体分布)所定义的概率空间;要根据样本来推断总体,还必须强调样本要从总体中随机地抽取,也就是说,一定要是随机样本。

戈塞特是英国现代统计方法发展的先驱,在 20 世纪前三十余年是统计界的活跃人物,他在回归和试验设计方面也有相当的研究,在与费希尔的通信中时常讨论到这些问题。费希尔很尊重他的意见,常把自己工作的抽印本送给戈塞特请他指教。在当时,能受到费希尔如此看待的学者为数不多。

戈塞特的一些思想,对他日后与奈曼合作建立其假设检验理论有着启发性的影响。后者说:"我认为现在统计学界中有非常多的成就都应归功于戈塞特……"

小知识

埃里希·弗洛姆(1900~1980),美国新弗洛伊德主义精神分析心理学家。他指出了健康人格的本质:富于爱,有创造性,具有高度发展的推理能力,能够客观地理解世界和自我,拥有稳固的同一感,与世界相处得很好并扎根于世界之中,摆脱了乱伦关系,是自我和命运的主体或动因,即具有创造性定向。著有《逃避自由》、《健全的社会》、《爱的艺术》、《为自己的人》等。

卖鸡蛋的个人权利和社会权利

在社会成员的权利出让下，形成社会动力，产生社会行为规则，既然社会是大家的社会，唯有社会成员出让其自身权利，才会有社会动力，根据出让权利的不同而形成了两种社会权利。

有一个人带了一些鸡蛋在市场上贩卖，他在一张纸板上写着："新鲜鸡蛋在此销售"。

有一个人过来对他说："老兄，何必加'新鲜'两个字，难道你卖的鸡蛋不新鲜吗？"他想一想有道理，就把"新鲜"两字涂掉了。

不久，又有一个人对他说："为什么要加'在此'呢？难道不在这里卖，还会去哪卖？"他也觉得有道理，又把"在此"两字涂掉了。

一会儿，一个老太太过来对他说："'销售'两个字是多余的，不是卖的，难道会是送的吗？"他又把"销售"两字擦掉了。

这时来了一个人，对他说："你真是多此一举，大家一看就知道是鸡蛋，何必写上'鸡蛋'两个字呢？"

结果所有的字全都涂掉了。

一个人来到了市场贩卖鸡蛋，就发生了个人与社会的关系，卖鸡蛋是个人的权利，提供市场就是社会的权利。

首先我们看人与社会的关系。我们知道视觉中的动植物个体都是一个物种的生存个体，而视觉中的个人在走出森林后已不是物种意义上的生存个体了。社会作为生存个体，对其组成成分个人进行了分工，把个体分化成社会的一个组成成分，一个社会的主宰成分，我们把融入社会的人称之为社会成员，社会成员间是协同、合作关系，而不是动物个体间的竞争关系，故此，社会行为或者社会表像是分工了的社会成员共同所为。

当个人融入社会后，分工造就了高社会效率，但也造就社会成员的功能缺陷，

概念解析

形成了对社会的绝对依赖,即部分对整体的依赖,作为以维护社会成员利益为根本的社会,其职责就是维护每一社会成员的个人权利,那么社会成员都有哪些权利呢?

社会成员有两项基本权利是公认的,一是与生俱来的权利,它是社会成员在融入社会之前在森林中生存时已有的,但是在融入社会后,由于社会分工而使之丧失以及会随社会变化而丧失的,必须由社会给予补偿的那部分权利,即天生权利,也统称为人权;二是社会成员在融入社会后,凭借个人能力创造的,得到社会认可的后天权利,也统称为财产权。

社会自身并不产生权利,其权利只有来自于社会成员对其自身权利的出让。而社会先天并不具备对其自身的发展规划,也不具备对其成员分工有先天的规定性,也就是说,社会的发展、演化过程并不像人们盖大楼、造汽车一样,事先有绘制好的蓝图,并可以作模拟试验,一切都是不确定的,要看社会所具有的智慧了,要看社会权利的运行了,这就是人类社会的伟大之处,社会权利扮演着上帝之手的角色,在社会成员的权利出让下,形成社会动力,产生社会行为规则,既然社会是大家的社会,唯有社会成员出让其自身权利,才会有社会动力,根据出让权利的不同而形成了两种社会权利。一是社会成员出让天生权利而形成的社会对生命的适度支配权,也称之为政治权利,政治权利的典型例子是义务兵役制,为了社会安全,一定时间内将生命出让给社会支配;二是社会成员出让后天权利而形成的对财富的适度支配权,也称之为经济权利,经济权利的普遍事例是税收,为社会运行提供物质支持。

通常状况下,社会中的政治权利与经济权利处于平衡状态,但在历史上,出现过政治权利和经济权利畸形的状况。社会的发展是这两种权利相互作用,相互平衡的结果,偏向任何一方都会造成社会的畸形。

小知识

乌尔里希·贝克(1944~),德国著名社会学家,慕尼黑大学和伦敦政治经济学院社会学教授。与英国社会学家吉登斯和拉什共同提出"第二现代"的观念,力图在现代与后现代之间开辟出"第三条道路"。主要著作有:《风险社会》、《反毒物》、《生态启蒙》和《风险时代的生态政治》等。

身心对话：
身体伦理的变迁

生理性的身体必须和语言性的身体、交往性的身体统一在一起，身体的伦理才会是健全的。

身体问心，我痛了，医生会帮我治；你痛了，谁帮你治呢？心说，医生治不了我，我只能自己治，只有你才能帮助我，你愿意帮我吗？身体毫不犹豫地点点头，当然！从此，身体和心一直在一起。

有一天，心对身体说："我累了，我要离开这里，你愿意和我一起走吗？"

身体犹豫了，"可是，我并不想走。这里很好啊，为什么你要离开？"

"这里不是我要的，我要离开，去寻找属于我的世界。"

"不要走好吗？为了我，也为了你，我已经习惯了这里，不想离开，我怕！"

"为什么怕？不用怕，有我！"

"怕，怕死，怕有一天我死了，你会活不下去，你是那样的依赖我。我已经不敢冒险，因为我要保护好自己，才好保护你！"

"让我走吧，这里不是我的，我要找到属于我的世界！"

"那，你走吧，我会祝福你，远远地眺望着你。"

"如果我痛了呢？你答应要帮助我的，离开你，我还怎么救自己？"

身体没有说话，因为他也不知道该怎么办。

之后的日子，身体和心打起了冷战，他们谁也不愿妥协。不知道从什么时候起，身体经常感到疼痛，连医生也治不了他；心呢，还是那样地想飞，却又飞不出去，终于也撞得伤痕累累。

身体和心都伤了，都痛了，他们始终不肯让步。没有人告诉过他们，如果他们两个都病了该怎么办。于是，他们就这样一直痛着，伤着，不知道哪里是个尽头。

如果身体和心一直是这样，我怎么办？

每个人都拥有一个身体，但并非每个人都真正认识身体的价值、意义和局限。我们大多数时间所受的教育，都是反身体的，并在身/心二分法的诱导下，把心和高

79

尚相连,把身体留在黑暗之中。

身体的政治化,实际上也就是日常生活的政治化,它扼杀的是个体的自由、私人的空间、真实的人性。日常生活是一个社会的肉身,没有它,人的身体也就没有展开的空间。只有日常生活得到有效的恢复,身体才能找到自身的完整性、伦理性和生理性的完美结合。身体同样是我们在社交中表达亲昵和热情的工具。最高的社会惩罚就是人身限制或肉体监禁,用疼痛折磨、饥饿,甚至死刑来达到惩处的目的。

这种身体伦理的变迁,也在近二十年改革开放的中国大地上大规模地推进。人不仅有思想上的自我,也有身体上的自我,也就是说,一个人自由与否,不单要看他是否能不受限制地思想,还要看他是否能照着自己的喜好随意地穿衣、打扮和恋爱。因此,在社会的转型期,身体往往充当着社会进步的载体和先锋。

有意思的是,政治刚刚解除对身体的监视和管理,消费文化便开始了和身体的合谋。消费文化试图要告诉每一个人,你身体上的重担已经消失,它唯一的真实是欲望、享乐和消费。而为了让身体获得最大限度的观赏性和享乐性,你在消费的时候就要透过广告来重塑自己的身体。我们经常可以在那些时尚杂志和产品广告中,看到我们这个时代流行的身体样式,如那些模特所示,男的要强壮,女的要苗条,相反,肥胖则是难堪和丑陋的象征。

如同政治社会有一整套反身体的身体管理学,消费社会也慢慢形成了一整套异化身体的身体控制学。

这跟我们整个社会对欲望的张扬是密切相关的。有时我们显然忽视了身体在欢乐化的过程中所蕴含的危险因素,那就是身体沉溺在自我欲望中时,它已经变成了一个商品。——这其实是对身体尊严的严重伤害。无论是政治奴役身体的时代,还是商品奴役身体的时代,它说出的都是人类灵魂的某种贫乏和无力。

生理性的身体必须和语言性的身体、交往性的身体统一在一起,身体的伦理才会是健全的。

一刀戳出的社会问题

社会问题指社会关系或社会环境失调，影响社会全体成员或部分成员的共同生活，破坏社会正常活动，妨碍社会协调发展的社会现象。社会问题的特征主要表现为普遍性、变异性、复合性和周期性。

2006年8月11日下午，海淀城管大队海淀分队副分队长李志强带着他的城管兄弟上街巡查，无照经营的流动商贩崔英杰理所当然成为他们的工作对象。

城管队员要没收崔的三轮车，并且已经准备带着三轮车扬长而去，而后者觉得这样三番五次的"打击"已经让他本来就困顿的生活更为失败。

恐惧夹杂着愤怒、绝望包围了侥幸、瞬间爆发的他，突然追上城管，用随身所带的小刀朝城管队员戳去。这一下，就戳中了李志强的颈部。

一个城管队员、一个小商贩，两个"小人物"，以这种惨烈的方式，成为社会问题的"又一个"微不足道的论据和参照物。

社会问题指社会关系或社会环境失调，影响社会全体成员或部分成员的共同生活，破坏社会正常活动，妨碍社会协调发展的社会现象。

社会问题有客观和主观两种。前者表现为威胁社会安全的一种或数种情况；后者表现为社会上多数人公认这种危害，并有组织起来加以解决的愿望。社会问题包括两个方面，一是社会共同生活发生了障碍，一是社会进步发生了障碍。这两个方面决定了社会问题涉及的人数，或为社会全体成员，或为社会部分成员。从个人麻烦和公共问题两个方面来看，在社会上流行一时，同时又使个人深感其害的问题不一定就是社会问题。只有超出个人特殊生活环境，与人类社会生活、制度或历史有关的，威胁社会多数成员价值观、利益或生存条件的公共问题，才具备形成社会问题的条件。

一方面社会问题从类型角度应有社会解组和离轨行为之分；另一方面社会问题应有潜在性和外显性两种特性。社会问题的构成要素包括问题的社会性、紊乱性和破坏性，即社会问题必然是社会共同具有的，表现为社会结构和功能失调、社会规范和社会生活发生紊乱，并直接造成社会日常生活的破坏。

概念解析

另一些学者认为,社会问题的构成应考虑它的形成原因、影响范围、问题的性质和社会后果等方面。一般认为,社会问题有以下现象:必须有一种或数种社会现象产生失调的情况;这种情况必定影响许多人;这种失调情况必须引起许多人的注意;必须透过集体行动予以解决。

社会问题在各时代反映的内容各不相同,在当代,最突出的社会问题有以下几个:人口问题是全球性最主要的社会问题之一,是当代许多社会问题的核心。生态环境问题突出表现为生态破坏、环境污染严重。它是社会运行和发展的重大障碍。预测未来社会问题的主要矛盾将集中到生态环境上。如不及早解决,它将给社会带来巨大的破坏,甚至是全球性的、毁灭性的破坏。劳动就业问题源于劳动力与生产资料比例关系失调。就业问题的社会后果,一方面妨碍了人民生活水平的提高,从而诱发社会动荡及社会犯罪;另一方面,不利于社会经济的协调发展,进而威胁整个社会结构的稳定性。青少年犯罪指少年或未成年人的违法犯罪,是世界各国面临的日趋严重的社会问题。

小知识

查尔斯·霍顿·库利(1864~1929),美国社会学家和社会心理学家,美国传播学研究的先驱。对于自我的观念有重要的贡献。他认为心智不但不是像笛卡儿所认为的超然于外在的世界,反倒是个人与世界互动的产物。著有《人类本性与社会秩序》、《社会组织》等。

记者的职业风险与风险社会

风险社会是工业社会的一种新的形态。风险社会突出的标志是"有组织的不负责任"的存在。风险责任的制度化是规避那些不负责任行为的唯一方法。

2003年某夜,时任《郑州晚报》记者的黄普磊接到黄河水资源保护区内私设垃圾场的反映后,和两位同事驱车来到郑州市107国道郑东新区入口处跟踪可疑自卸垃圾车。

"你们在这儿转来转去是干什么的?"一个男子质问。

"不干啥!你们是干什么的?"司机刘勇反问。

"我们是八里庙巡逻的。"该男子回答。

"我们是《郑州晚报》的记者。"为了避免引起不必要的误会,黄普磊将证件递了过去。

"这是假的!"车外一男子将证件接过去扫了一眼就猛地摔回车内。

司机刘勇想和他们讲道理,不料一把刀又猛地向他劈了过去。"哎呀!"司机刘勇惨叫一声,下意识地用左手臂去挡,右手扶着方向盘,猛加油门朝着前面的空隙冲过去。"哗啦",几个啤酒瓶猛地砸了过来,车后玻璃被砸得粉碎,啤酒瓶和碎玻璃碴飞溅开来。

采访车向市区飞驰,行凶者的车在后面紧追不舍,直到107国道口的一个警亭处,后面的车才停止追赶。

司机刘勇的左臂已是血肉模糊,经诊断,刘勇的肌腱被砍断。

这是一个职业风险的故事,同时也暴露出社会风险问题。

现代社会中存在着某些未被人感知的风险。这些潜在的风险都是人类自己制造出来的。潜在风险的存在,可能会导致人类生活和个人生命毁灭的危险。社会中存在着这种由人类自己创造的危机,是现代社会的特征,称为"风险社会"。

风险社会是工业社会的一种新的形态。在这种社会中,财富与风险交织在一起。进入全球化时代,全球的社群成为一个世界性的风险社群。工业的风险和危机成为世界性的,对全球性工业社会带来的不仅是地区性的污染和贫困,还有许许多多无法预测的风险,如生化核武器的生产,转基因食品的生产,克隆技术和干细

概念解析

胞的研究与生产等等。这些都有可能带来无法预测的全球性风险,如全球气候变暖造成的危害,化学农药对土壤和水资源的破坏,这些都对人类的健康构成了严重的威胁。

　　风险社会突出的标志是"有组织的不负责任"的存在。在这一社会中,政治体制和企业组织中都存在着"无需负责任的决策者"。他们对自己的决策,有意和无意识附带产生的社会风险不必承担任何责任。如故事中的肇事者。

　　社会上存在着有组织的不负责任行为,是由于政府与法律将风险指数估计得太低。在风险事件冲突中,要求受害者提供证据,证明肇事者确实应对某一风险负担责任,对受害者来说是一件非常困难、甚至可能是无法做到的事情。现在的制度力求否认工业生产中,存在着无法控制的危险。一旦风险发生,政府或企业也会力图将风险描绘为个别的例外事件。

　　为了避免社会中风险的蔓延,风险责任的制度化是规避那些不负责任行为的唯一方法。

　　风险事件发生后,人们还可以从中获得一些教益:提高知识在社会中和政治上的地位(风险知识社会地位的提高);提供营建知识结构的科学和研究的基础(风险知识的改造);利用媒体的报导,推广和改造社会的知识结构(风险知识的推广)。在风险事件之后,人们会要求重新定义风险的波及面(风险的量)、危害度(风险的质)、严重性和迫切性。

小知识

　　肯尼思·班克罗夫特·克拉克(1914～2005),美国教育心理学家、社会学家。致力研究种族隔离问题,他是第一个获得终身教授职位的黑人,第一个获得心理学博士学位的非洲裔美国人。著有《黑贫区》。

"社会"一词描述的社会

社会是指人类生活的共同体。具体的社会是指处于特定区域和时期、享有共同文化并以物质生产活动为基础的人类生活的共同体。

在一节语文课上,同学们为古汉语中的"社会"一词,争论不休。一些同学认为,古文里的"社会"就是指的现代汉语里的社会,有的同学说另有含义。到底谁说得对?我们还是听听老师是怎么讲解的。

老师说,在中国的古籍中,"社会"一词始于《旧唐书·玄宗上》(本记第八)。书中记载:"礼部奏请千秋节休假三日,及村闾社会,并就千秋节先赛白帝,报田祖。然后坐饮,散之。"此处"社会"一词是村民集会的意思,是一动名词,由"社"和"会"两字演进而来。"社"是指用来祭神的一块地方。《孝经·纬》记载:"社,土地之主也。土地阔不可尽敬,故封土为社,以报功也。""会"为聚集之意。后来两字连用意指人们为祭神而集合在一起。古籍中有时也指"社"是志同道合者集会之所,如"文社"、"诗社",或指中国古代地区单位,如"二十五家为社"。

在西方,英语 society 和法语 société 均源出于拉丁语 socius 一词,意为伙伴。日本学者在明治年间最先将英文"society"一词译为汉字"社会",近代中国学者在翻译日本社会学著作时,袭用此词,中文的"社会"一词才有现代通用的含义。

社会是指人类生活的共同体。那么社会有哪些特征呢?

它是有文化、有组织的系统。社会由人群组成,但不像动物结群那样生活,人类文化是按照一定的文化模式组织起来的,而只有人类社会才有文化。从事生产活动是人类社会的一大特征。生产活动是一切社会活动的基础,任何一个社会都必须进行生产。在任何特定的历史时期,社会都是人类共同生活的最大社会群体。它独立存在,不从属于任何其他群体。

具体社会有明确的区域界限,存在于一定空间范围之内。连续性和非连续性是社会的又一特征。任何一个具体社会都是从前人那里继承下来的一份遗产;同时,它又同周围的社会发生横向联系,具有自己的特点,表现出明显的非连续性。

工业社会,亦称现代社会。现代社会形成了现代的官僚制度,以及教育、医疗、保险、服务等现代社会机构与制度。同时,不具人格的社会关系逐渐取代了血缘的、亲属的社会关系。

后工业社会。在这种社会中自动化、信息技术将得到普及和发展。其特征是:

概念解析

从生产产品性经济转变为服务性经济；专业与技术人员居于主导地位；理论知识处在中心地位，它是社会革新与制定政策的源泉；控制技术迅速发展，对技术进行鉴定以及创造了新的"智慧技术"。

社会具有整合的功能。社会将无数单个的人组织起来，形成一股合力，调整种种矛盾、冲突与对立，并将其控制在一定范围内，维持统一的局面。所谓整合主要包括文化整合、规范整合、意见整合和功能整合。社会具有交流的功能。社会创造了语言、文字、符号等人类交往的工具，为人类交往提供了必要的场所，从而保持和发展人们的相互关系。社会具有导向的功能。社会有一整套行为规范，用以维持正常的社会秩序，调整人们之间的关系，规定和指导人们的思想、行为的方向。导向可以是有形的，如透过法律等强制手段或舆论等非强制手段进行，也可以是无形的，如透过习惯等潜移默化地进行。社会具有继承和发展的功能。人的生命短暂，人类一代代更替频繁，而社会则是长存的。人类创造的物质和精神文化透过社会而得以积累和发展。

透过伟人家庭看社会初级群体

初级群体就是人际关系亲密的社会群体。亦称首属群体、直接群体或基本群体。不同类型的初级群体具有满足个人和社会不同需要的各种功能。

西格蒙德·弗洛伊德于1856年5月6日出生在奥地利弗赖堡的一个犹太人家庭,父亲是个羊毛商。在弗洛伊德4岁时,全家迁居到了维也纳。

弗洛伊德的母亲是他父亲的第二个妻子,在弗洛伊德出生时,父亲已经41岁了,母亲才21岁。

弗洛伊德与父亲的关系和他与母亲的关系恰好相反,母亲赞许他、溺爱他,允许他在兄弟姐妹中称王,但父亲则没有这样偏袒,有时对他显得冷漠和粗暴。

有一次,弗洛伊德弄脏了一把椅子。弗洛伊德便安慰他母亲说,他长大以后要买一把新椅子来赔偿。

还有一次,在他5岁的时候,母亲给他和他妹妹一本关于到波斯旅行的书,并纵容他们撕下书中的彩图。

弗洛伊德6岁的时候,妈妈告诉他说:"人是由泥土做成的,所以,人必须回到泥土之中。"他不相信这件事。他母亲为了证明这件事,在他面前用双手擦来擦去,接着她指着双手擦下的皮屑说:"这就是和泥土一样的东西。"弗洛伊德不禁吃了一惊。

在他8岁时,母亲不知从哪里找了一本莎士比亚的著作送给他。

1881年3月,弗洛伊德没有辜负母亲的希望,终于以优异的成绩通过了医学院的毕业考试,并获得医学博士学位。母亲去接他,对他说的第一句话就是:好样的,孩子!可是,你的事业才刚开始。

对母亲的依恋、对父亲的逆反忌恨体验深刻地影响了他以后的生活和思想。

弗洛伊德一家人构成了社会的初级群体,这是社会组织的基本形式之一。初级群体就是人际关系亲密的社会群体。亦称首属群体、直接群体或基本群体。从人类历史发展的过程来看,初级群体是最早出现的一种群体类型,如远古时期的原始人群,氏族公社时期的氏族家庭、部落等。就一个人的发育成长过程来看,家庭、邻里、儿童游戏伙伴均为幼儿最早加入并在其中活动最多的群体形式,故也称为首

概念解析

属群体或直接群体。

初级群体这一概念的基本含义：初级群体是指具有亲密的、面对面交往与合作特征的群体。这些群体之所以是初级的，具有几个方面的意义，但主要是指在形成个体的社会性和思想观念等方面所起的初始作用。原来，初级群体概念主要是指家庭、邻里和儿童游戏伙伴，这些群体在人的早期社会化过程中所发挥了重要作用，所以一般把它看作是"人性的养育所"。后来的社会学家将这一概念扩大到人际关系亲密的一切群体。

面对面的互动是初级群体产生、形成和发展的重要条件。如果离开直接的交往与合作，就不可能形成个人之间的亲密关系，也就无初级群体可言。初级群体通常是小型群体。人员相对少是彼此能够有足够机会接触和交往的重要保证。

按照群体成员联系的纽带，初级群体划分为血缘型、地缘型、友谊型和业缘型等：血缘型初级群体是指建立在婚姻、亲子关系基础上的群体，如家庭。地缘型初级群体是指建立在紧密相连的地域空间基础上的群体，如邻里。友谊型初级群体是指建立在友好、信任基础上的群体，如儿童的游戏伙伴、成年人的朋友群体。业缘型的初级群体是指建立在工作联系基础上的志同道合者，如工作小组。

不同类型的初级群体发挥着不同的社会功能。有物质生产和人口生产的功能，社会化的功能，提供个人生活和闲暇活动的场所，社会稳定和社会整合的作用。不同类型的初级群体具有满足个人和社会不同需要的各种功能。

就个人来说，他的某些需要是社会组织所无法提供的，如个人之间思想情感的交流，心理方面的沟通，生活上的特殊照顾或帮助等。而这些需要往往是一个人在特殊情况下所不可缺少的，满足这些需要，具有稳定社会秩序、增进社会整合的作用。

小知识

荣格（1875～1961），瑞士心理学家和精神分析医师，分析心理学的创立者。认为集体无意识反映了人类在以往历史进化过程中的集体经验。他的分析心理学因集体无意识和心理类型的理论而声名远扬。

李若谷修渠的制度问题

制度是为人类设计的、构造了政治、经济和社会相互关系的一系列约束。今天的制度，本质上就是当前"公认的"某种生活方式。

春秋时期，楚国令尹孙叔敖修建了一条南北水渠。这条水渠又宽又长，足以灌溉沿渠的万顷农田。可是一到天旱的时候，沿堤的农民就在渠水退去的堤岸边种植庄稼，有的甚至还把农作物种到了堤中央。等到雨水一多，渠水上进，这些农民为了保住庄稼和渠田，便偷偷地在堤坝上挖开口子放水。这样的情况越来越严重，一条辛苦挖成的水渠，被弄得遍体鳞伤，面目全非，因决口而经常发生水灾，水利变为了水害。

面对这种情形，历代苟陂县的行政官员都无可奈何。每当渠水暴涨成灾时，便调动军队去修筑堤坝，堵塞漏洞。后来宋代李若谷出任知县时，也碰到了决堤修堤这个头疼的问题，他便贴出告示说："今后凡是水渠决口，不再调动军队修堤，只抽调沿渠的百姓，让他们自己把决口的堤坝修好。"布告贴出以后，再也没有人偷偷地去决堤放水了。

这个故事告诉我们，一个没有制度的社会是不可思议的。那么，什么是制度呢？

制度实质上就是个人或社会对有关某些关系或某些作用的一般的、确定的思想习惯；今天的制度，本质上就是当前"公认的"某种生活方式。换言之，制度无非是一种自然习俗，由于习惯化和被人广泛地接受，这种习俗已成为一种公理化和必不可少的东西。

制度必须随着环境的变化而变化，是生存竞争和淘汰适应过程的结果。制度无非是集体行动控制个人行动。所谓集体行动的范围很广，从无组织的习俗到有组织的"运营机构"，如家庭、公司、工会、联邦储备银行及政府或国家。一般而言，集体行动在无组织的习惯中比在有组织的团体中还要更普遍一些。进一步讲，集体行动常同所谓的"工作规则"密不可分，后者告诉个人能够、应该、必须做（或不做）什么。

概念解析

　　制度是对人类活动施加影响的权利与义务的集合。这些权利与义务中的一部分是无条件的和不依赖于任何契约的,它们可能是、也可能不是不可剥夺的;其他的权利与义务则是在自愿基础上签订的协约。从广义上讲,制度暗指一种可观察且可遵守的人类事务安排,它同时也含有时间和地点的特殊性而非一般性。

　　制度是社会游戏(博弈)的规则,是人们创造的、用以限制人们相互交流行为的框架。制度提供了人类相互影响的框架,它们建立了构成一个社会,或更确切地说一种经济秩序的合作与竞争关系。制度是一系列被制定出来的规则、守法秩序和行为道德、伦理规范,它旨在约束主体福利或效用最大化利益的个人行为。制度是为人类设计的、构造了政治、经济和社会相互关系的一系列约束。

　　制度是人类行为的规范或约束规则的总称,它包括正式规则和非正式规则两个部分,前者通常是成文的、可辨识的、强制的和第三方执行的,而后者则是不成文的、默认的和自我实施的。制度表现为个人行动的社会结果,它可能是个人无意识的结果,也可能是集体基于惯例和共识进行选择的结果,但离开历史中的制度材料和信息而凭空创造的制度是不存在的。

　　制度作为一种社会秩序的状态,它是一种层次性的、网络性的社会结构,不同层次和节点上的制度都构成特定的信息空间,并利于人们获取一种共同的知识,从而使得个人行为具有稳定性和可辨别的特征,并利于形成交互行为中的稳定预期。

　　制度在抽象性上可以描述为是一种"共识"或是"意义的分享",从知识和意义的角度解释制度问题,有利于人们从认知论或知识论的角度把握制度的内涵。从而为制度演化的无意识和有意识之争找到一个沟通的桥梁。

小知识

　　费迪南德·腾尼斯(1855～1936),德国社会学家。德国社会学会和霍布斯协会的创始人之一,曾任这两个学会会长。关于"社区"和"社会"的理论观点,在美国社会学界具有深远影响。著有《社区和社会》、《托马斯·霍布斯》、《关于社会生活的基本事实》、《社会学的本质》、《社会问题的发展》、《马克思的生平和学说》、《舆论的批评》、《社会学的研究和批评》、《围绕反社会主义非常法的斗争》、《社会学导论》等。

第三篇

理论研究

四个人分三张饼：
从公平到公正

所谓社会政策，是指以公正为理念依据，以解决社会问题、保证社会成员的基本权利、改善社会环境、增进社会的整体福利为主要目的，以国家的立法和行政干预为主要途径而制定和实施的一系列行为准则、法令和条例的总称。

矿井因塌方被堵塞，三个矿工和一个实习的大学生被埋在里面，靠自己的力量出去，已经不可能。

三个矿工带着午饭，并不丰盛，不过是三张油饼和一些菜。实习生不知道他们会怎样分配那三张饼，水已经被何师傅收集到了一处，他命令般地说，不到最后关头，水不能动。他是几个人中年龄最长也最有经验的矿工，这样的时候，没有谁再反驳。可是饼却只有三张，是他们带来的，和他无关。他看着那三张饼；绝望也掩盖不了饥饿的侵袭，因为饥饿，他的绝望有了更加实质的内容。他几乎要撞墙了。他知道他们完全可以不管他，只不过是三张饼，他们尚且自顾不暇——纵然只是三张饼，也是此时救命的稻草。

何师傅却说话了，说得很慢，却极有份量。不行！他说，必须分成四份。大家并没有看他，他只是把饼拿过去，掏出随身带的一把小刀，说，我把饼分了。我想好应该怎么分了。

所有的目光都投到那三张饼上，包括他。他们看着何师傅把三张饼叠在一起，放在他的腿上，然后用刀子均匀地切割成了十二份，很小很小的十二份。再将重叠的十二份，散成三十六份。一份，只有很小很小的一块，比指头大不了多少。

何师傅说，这三十六块饼，刚好，每个人九块，每天每人分三块，可以坚持三天。从现在起，谁都不要说话，不要动，保持体力。饼放在我这里，该吃饭的时候我来分给你们。

又是沉默，另外两个矿工点了点头。实习生已经干涸的眼睛，再度潮湿了。

三个半壶水，三十六份小得不能再小的饼，维持着漫长的等待被解救的时光。一分钟，一小时，一天……第三天的黄昏，他们得救了，就在被救出去的半个小前,何师傅不顾另外两个人的反对,将自己最后剩余的三块饼递到了实习生嘴边,干裂的嘴唇挤出一个笑容,说,你是大学生,你活着比我更有用。

这是一则有关公平和公正的感人的故事。见微知著,这种原始的分配方案,正是现代社会政策的雏形。

一般的社会政策,都是从公平开始而至公正结束。

所谓社会政策,是指以公正为理念依据,以解决社会问题、保证社会成员的基本权利、改善社会环境、增进社会的整体福利为主要目的,以国家的立法和行政干预为主要途径而制定和实施的一系列行为准则、法令和条例的总称。

社会政策的具体内容是在不断丰富的。凡是同社会成员的基本权利和社会福利息息相关的政策都应纳入社会政策的关注视野。社会政策的具体内容应当包括:社会救助、救灾、社会保险、医疗卫生服务、就业、妇女儿童保护、性别平等、种族(民族)平等、老年人权益、房屋住宅、劳资关系、劳动者工作保护条件、人口政策、婚姻家庭保护、残疾人福利保障、孤儿扶养、退伍军人优抚与安置、职业训练、义务教育政策,等等。

公正与社会政策是密不可分的。从一定意义上讲,公正与社会政策是一件事情的两个方面。公正是社会政策的基本理念依据。现代意义上的公正是在自由、平等、社会合作等理论依据的基础之上,强调"给每个人他所应得"。对于一个社会来说,公正具有重大的意义。

"正义是社会制度的首要价值,正像真理是思想体系的首要价值一样"。但是,我们同时还必须看到,公正毕竟只是制度安排的一种基本价值取向、一种基本的规则,它需要透过一定的载体方能在现实社会中体现出来。就社会层面而言,公正必须透过社会政策体系才能具体体现。正是从这个意义上讲,社会政策是公正在社会领域的具体化,公正的社会功能在很大程度上是透过各种各样的社会政策来实现的。

小知识

托克维尔(1805~1859),法国历史学家、社会学家。主要代表作有《论美国的民主》(2卷本)、《旧制度与大革命》。

安逸的美洲虎——
社会分层的意义

按照一定的标准将人们区分为高低不同的等级序列。划分社会层次结构的三重标准,即财富——经济标准,威望——社会标准,权力——政治标准。三条标准既是互相联系的,又可以独立作为划分社会层次的标准。

美洲虎是一种濒临灭绝的动物,世界上仅存17只,其中有一只生活在秘鲁的国家动物园。

为保护这只虎,秘鲁人从大自然里单独圈出1 500英亩的山地修了虎园,让它自由生活。还有成群结队的牛、羊、兔供老虎享用。奇怪的是,没有人见过这只老虎捕捉猎物(它只吃管理员送来的肉食),也没有人看见它威风凛凛地从山上冲下来。它常躺在装有空调的虎房,吃了睡,睡了吃。

一些市民说它太孤独了,于是大家自愿集资,与哥伦比亚和巴拉圭达成协议,定期从他们那儿租雌虎来陪它生活。

然而,这项人道主义之举并未带来多大改观,那只美洲虎最多走出虎房,到阳光下站一站,不久又回到它躺卧的地方。人们不知道它还有什么不满足的地方。

一天,一位来此参观的市民说:"难怪它会懒洋洋的,虎是林中之王,这里只有一群吃草的小动物,能提起它的兴趣吗?为什么不弄几只狼或者几条豺狗呢!"虎园领导听他说得有理,就捉了3只豺狗投进虎园。

这一招果然灵验,自从3只豺狗进了虎园,美洲虎时而站在山顶引颈长啸,时而冲下山来,雄赳赳地满园巡逻。没多久,它还让一只雌虎产下了一只小虎崽。

在这个故事里,人类处于等级的最高处,决定着其他动物的命运,其次的等级是老虎,再次是豺狗,最后是食草动物。正是因为有了等级的区别,老虎才又焕发了生机,而新放进的豺狗,由于不处于竞争的最顶端,也同样面临被消灭的危险,为此,它们也要做出更大的努力,才能适应新的环境。人类同这些动物园的老虎一样,失去了一定的社会分层,人就会失去竞争的动力。

按照一定的标准将人们区分为高低不同的等级序列就是社会分层。

社会分层体现着社会的不平等。社会不平等现象,在资本主义社会以前,是以"等级"的形式存在的。在古罗马,有贵族、骑士、平民、奴隶;在中世纪,有封建领主、陪臣、行会师傅、帮工、农奴,而且几乎在每一个等级内部还有各种独特的等级。到了19世纪,人们广泛使用"阶级"和"阶层"概念来描述社会中人们的地位等级。

而事实上,任何社会都必然由于阶级、地位、权力、金钱、职务、身份、家族等各种原因而产生出社会分层。社会作为一个系统必然有其结构和层次,整个社会按照一定的标准可以划分为许多的层次,这些层次的结构与状态的总和构成了社会分层。从本质上来看,社会分层的根源在于社会资源的稀缺性。人群占有资源不同导致了分层。在完全竞争市场的条件下,资源的流动遵循着价值规律向有能力使资源得到最大利用的地方集聚,如果放任自行,最终将导致市场失灵,这是西方经济学中对自由竞争的最终结论,由此导致的社会分层必然是不合理的。

那么社会分层到底是否有利于社会发展呢?功能理论认为,社会分层有积极的一面,该理论主要从社会的存续角度来分析,认为社会分层对人们有激励的功能,因此是社会进步的一种途径。而与此相反,冲突理论则认为社会分层容易触发社会矛盾,导致社会动荡,阻碍社会发展。

小知识

戈夫曼(1922~1982),美国社会学家。符号互动论的代表人物,拟剧论的倡导人。在对异常行为研究中提出污名说,即对能够损害某人(群体)声誉的社会标记的研究,并由此提出"越轨生涯"概念。他的研究成果得到较为广泛的赞同。著作有《避难所》《邂逅》《公共场所行为》《污记》《互动仪式》《框架分析》和《交谈方式》等。

从打碎的牛奶瓶看社会的变迁

社会变迁就是一切社会现象发生变化的动态过程及其结果。社会变迁除了最终取决于社会生产力的发展之外，还取决于自然环境、人口、社会制度、观念、社会心理、文化传播等多方面因素，是多种因素相互作用的结果。

十几岁的桑德斯经常为很多事情发愁。他常常为自己犯过的错误自怨自艾；交完考试卷以后，常常会半夜里睡不着，害怕没有考及格。他总是想那些做过的事，希望当初没有这样做；总是回想那些说过的话，后悔当初没有将话说得更好。

一天早上，全班到了科学实验室。老师保罗·布兰德威尔博士把一瓶牛奶放在桌子边上。大家都坐了下来，望着那瓶牛奶，不知道它和这堂生理卫生课有什么关系。

过了一会，保罗·布兰德威尔博士突然站了起来，一巴掌把那牛奶瓶打碎在水槽里，同时大声叫道："不要为打翻的牛奶而哭泣。"

然后，他叫所有的人都到水槽旁边，好好地看看那瓶打翻的牛奶。

"好好地看一看，"他对大家说，"我希望大家能一辈子记住这节课，这瓶牛奶已经没有了——你们可以看到它都漏光了，无论你怎么着急，怎么抱怨，都没有办法了。只要先想一想，先加以预防，那瓶牛奶就可以保住。可是现在已经太迟了，我们现在所能做的，只是把它忘掉，丢开这件事情，注意下一件事。"

这个故事预示了社会的变迁与不可更改性，就像打碎的奶瓶再也不可能复原一样。社会变迁就是一切社会现象发生变化的动态过程及其结果。在社会学中，社会变迁这一概念比社会发展、社会进化具有更广泛的含义，包括一切方面和各种意义上的变化。社会学在研究整个人类社会变迁的同时，着重于某一特定的社会整体结构的变化、特定社会结构要素或社会局部变化的研究。

任何特定的社会体系一经确立，就会形成比较稳定的结构关系。但是，社会体系是一个开放的系统，它的存在和发展有赖于和外界不断进行的物质、能量和信息的交换,需要不断吸收新的因素。社会体系是一个复杂的系统,各个组成要素都具有自我组织和不断完善的特性,有可能出现各要素发展的不平衡。社会体系为了适应新的需要和不平衡的出现,就要不断调整原有的结构关系。这种适应和调整先是局部的、缓慢的,积累到一定程度就有可能导致原有体系结构的整体改组,直至采取社会革命的形式。在影响社会变迁的诸原因中,社会的物质需要和经济的发展变化是最根本的原因。社会的物质生产力是生产方式内部最活跃、最革命的因素。物质生产力的变化造成生产方式的不断更新,社会生活、政治生活和精神生活也随之发生变化,从而整个社会结构体系也发生变化。社会变迁除了最终取决于社会生产力的发展之外,还取决于自然环境、人口、社会制度、观念、社会心理、文化传播等多方面因素,是多种因素相互作用的结果。

社会变迁理论主要有四种理论:进化论、循环论、均衡论和冲突论,进化论认为人类社会是一个不断发展的渐进的过程,表现为由低级到高级,由简单到复杂,由此及彼地向前发展;循环论认为社会变迁是周期性的重复;均衡论强调社会均衡一致和稳定的属性;冲突论认为人们对于权力再分配的欲望是无止境的,围绕权力所进行的斗争是持续不断的,由此造成的社会冲突是社会内部固有的现象。这种利益不可调和的冲突是社会生活的基础。

小知识

马尔库塞(1898~1979),德国哲学家、社会学家。法兰克福学派的创始人之一。他认为在现代科学技术发展的条件下,发达资本主义国家的工人阶级只知追逐高消费而失去革命主动性,只有激进的学生运动、流氓无产者、失业者、受压制的少数民族才具有革命性。著有《理性和革命》、《爱欲和文明》、《苏联的马克思主义:批判的分析》、《单面的人》、《心理分析和政治》、《论解放》、《反革命和造反》、《艺术和永恒性》等。

一桩婚姻引发的社会整合

社会不同的部分结合为一个统一、协调整体的过程及结果,我们称作社会整合,亦称社会一体化。社会整合的可能性在于人们共同的利益以及在广义上对人们发挥控制、制约作用的文化、制度、价值观念和各种社会规范。

从前,在美国的一个村庄里住着个老头,老头有三个儿子,大儿子和二儿子在城市工作,小儿子和老头在农村相依为命。

有一天,从城里来了一个人,找到老头,对老头说:"我想把你的小儿子带到城市去,可以吗?"

老头说:"我就这么一个儿子在我身边,为什么要把他带走呢?"

这个人说:"我给你这个小儿子在城市找份工作,可以吗?"

老头说:"那也不可以。"

这个人说:"我给你这个小儿子在城市找一个对象,你看如何?"

老头说:"那也不行。"

这个人又说:"如果我给你儿子找的这个对象是洛克菲勒的女儿,你同意吗?"

老头想了想,洛克菲勒是世界首富、石油大王,最后他同意了。

过了两天,这个人又找到了洛克菲勒说:"洛克菲勒先生,我准备给您女儿介绍一个对象?"

洛克菲勒说:"我还用你给我女儿介绍对象吗?"

这个人说:"如果我给你女儿介绍的这个对象是世界银行的副总裁,你同意吗?"

洛克菲勒笑了笑,点头同意了。

又过了两天,这个人找到了世界银行的总裁,对他说:"总裁先生,你现在必须立刻任命一位副总裁。"

总裁先生说:"我这么多的副总裁,为什么再任命一位,而且还要马上?"

这个人说:"如果你任命的这位副总裁是洛克菲勒的女婿,你同意吗?"总裁先生当然同意了。

这就是一个资源整合的故事,虽然有开玩笑的成分,但故事把各种有利的资源充分利用,从而达到了自己的目的。他把一个农民的儿子既变成洛克菲勒的女婿,又变成了世界银行的副总裁,改变了农民儿子的命运,也把钢铁和金融两大产业联合在了一起。

社会不同的部分结合为一个统一、协调整体的过程及结果,我们称作社会整合,亦称社会一体化。社会整合的可能性在于人们共同的利益以及在广义上对人们发挥控制、制约作用的文化、制度、价值观念和各种社会规范。

社会整合概念的含义是:社会体系内各部门的和谐关系,使体系达到均衡状态,避免变迁;体系内已有成分的维持,以对抗外来的压力。帕森斯还认为,一个社会要达到整合的目的,必须具备这样两个不可或缺的条件:有足够的社会成员作为社会行动者受到适当的鼓励并按其角色体系而行动;使社会行动控制在维持基本秩序的框架之内,避免对社会成员作过分的要求,以免形成离异或冲突的文化模式。

社会整合有许多具体形式并可分为诸多类型。社会学经常论及的还有文化的整合、制度的整合、规范的整合、功能的整合等。

社会分化是社会学的核心主题之一,社会变迁其实就是社会分化与社会整合的过程。

小知识

弗洛伊德(1856~1939),奥地利精神病医生,精神分析学派的创始人,开创精神分析疗法。著有《梦的释义》、《日常生活的心理病理学》、《精神分析引论》、《精神分析引论新编》等。

东山羊和西山羊的公共空间之争

兰西认为哈贝马斯的"公共空间"概念具有乌托邦的性质,哈贝马斯实际上是理想化了自由主义的公共空间,它在现实中是很难实现的。而且他也忽略了去考察另外的非自由、非资本主义的、竞争性的公共空间。

森林中有一条河流,河水湍急,不停地打着漩涡,奔向远方。河上有一座独木桥,窄得每次只能容一人经过。

某日,东山的羊想到西山上去采草莓,而西山的羊想到东山上去采橡果,结果两只羊同时上了桥,到了桥中心,彼此挡住了去路,谁也走不过去。

东山的羊见僵持的时间已很长了,而西山的羊照样没有退让的意思,便冷冷地说道:"喂,你的眼睛是不是长在屁股上了,没见我要去西山吗?"

"我看你是干脆连眼都没长吧,要不,怎么会挡我的道?"西山的羊反唇相讥。

"你让还是不让?不让开,我就闯。"东山的羊摇了一下头,那意思是:看到没有,我的犄角就像两把利剑,它正想尝尝你的一身肥肉是否鲜美呢。

"哼,跟我斗,没门!"西山的羊仰天长咩一声,便低头用犄角去顶东山的羊。

"好小子,我看你是不想活了。"东山的羊边骂边低头迎上西山的羊。

"咔",这是两只羊的犄角相互碰撞的声音。

"扑通",这是两只羊失足同时落入河水中的声音。

森林里安静下来,两只羊跌入河心以后淹死了,尸体很快就被河水冲走了。

两只羊在公共空间里发生了冲突。由此不仅让我们想到人在公共空间里的价值和属性。

公共空间是一个讲坛,在这里市民就他们的公共事务进行协商,进而引起一种话语相互作用的场所。这个场所是区别于国家和政府的,它是生产和传播对政府质疑的话语的场所。它也区别于正式的经济场所,因为在这里产生联系的是话语而不是市场。

而兰西认为哈贝马斯的"公共空间"概念具有乌托邦的性质,哈贝马斯实际上是理想化了自由主义的公共空间,它在现实中是很难实现的。而且他也忽略了去考察另外的非自由、非资本主义的、竞争性的公共空间。这样的公共空间从资本主义的公共空间最初产生时就伴随着它。实际上资本主义的公共空间不仅不能简单地被看作无法实现的乌托邦理想,它也是一种意识形态的概念,使阶级统治合法化。

首先是关于公共空间内部的关系问题。是否真的如哈贝马斯所说,社会平等并不是公共空间内部政治民主的必要条件呢?资本主义公共空间宣称一种零度文化,平等对待任何一种社会思潮。实际上,在分层社会中,统治阶级的文化是社会的主导文化,而弱势群体的作用往往被忽略。所以只有真正消除了社会不平等,才能保证人们对公共空间的积极参与。

其次则是关于公共空间之间关系的问题。在哈贝马斯看来,一个简单的、囊括众多的公共空间胜过多个公共空间的连结,而兰西则不这样认为。为了论证自己的观点,兰西从分层社会和多元平等社会两种现代社会模式进行考察。在分层社会中,公共空间中所进行的协商活动对统治集团有利,如果仅仅只有一个公共空间,这种影响还会加剧。它们具有双重性质:一方面起到撤退和重组的作用,另一方面它们也能作为基地来培养群体,以激励朝着建立更广阔的空间前进。

而在平等多元的社会中,公共空间不仅是形成话语意见的场所,它也是形成和颁布社会身份的场所。如果只有一个空间,等于只有一个过滤器在过滤各种话语,它是不可能做到文化中立的,这样做的结果必然是多元文化的消失。

小知识

让 弗朗索瓦·利奥塔(1924～1998),当代法国著名哲学家,后现代理论家。著作有《现象学》、《力比多经济》、《后现代状况》、《争论》、《海德格尔与犹太人》、《旅程》、《非人道》和《政治性文字》等。

沧海桑田话发展

社会发展学说是探讨社会变迁规律性及其具体表现形式的学说。广义探讨人类历史发展的一般规律性；狭义探讨社会发展的现代化理论、模式、战略乃至具体政策。

传说东汉仙人王方平在门徒蔡经家见到了仙女麻姑，发现原来是自己的妹妹。她早年在姑余山修行得道，千百年过去了，长得仍如十八九岁的姑娘，秀发垂至腰际，身上的衣服光彩夺目。麻姑说："我自从得到天命以来，已经三次见到东海变为桑田。这次去仙山蓬莱，见海水比以前浅了许多，大概又快要变成陆地丘陵了吧！"

后来人们用"沧海桑田"，比喻人世间事物变迁极大，或者变化极快。"沧海桑田"也简作"沧桑"。

"沧海桑田"是一个妇孺皆知的成语，用来形容事过境迁以及环境所发生的巨大变化。这则成语直接印证了社会发展学说的理论。对社会发展学说的理论家而言，这则成语却是对其所从事的科学理论之精髓的绝妙描绘。时光荏苒，人类社会经历了悠悠岁月。在这漫长的时间里，阶级产生灭亡、国家分分合合、政权更迭频繁、民族冲突和解，这样的沧桑巨变不知经历了多少次，社会在这些巨大的变化中，一步一步向前发展壮大。

故事引出的社会发展学说，是探讨社会变迁规律性及其具体表现形式的学说。广义包括哲学、经济学、政治学和人类学关于社会发展的研究，它探讨人类历史发展的一般规律性；狭义特指社会学对发展问题的研究，又称发展社会学，它以现代社会中政治、经济、社会、文化的综合协调发展问题为对象，主要探讨社会发展的现代化理论、模式、战略乃至具体政策。

社会现代化理论是第二次世界大战后出现的第一种社会发展理论，其理论基础是T.帕森斯的结构功能主义，着眼点在社会互动的稳定模式。现代化理论沿袭欧洲社会学的知识传统，在社会发展过程的考察中实行传统—现代、特殊主义—普遍主义的二分法，把传统社会视为特殊主义的、以农业为主的、着重身份名位的、静止的、职业分化简单的社会；相对而言，现代社会则是普遍主义的、以工业为主的、着重成就的、动态的、职业分化复杂的社会。传统社会和现代社会是两种具有相互排斥特征的社会,由传统向现代演进的过程就是现代化。在经济领域,现代化主要表现为国民经济总产值的增加、生产率的提高、工业生产规模的扩大、市场关系的扩展、经济交流的多重化;在政治领域,主要表现为国家意识的强化、权力分配的理性化、政治机构的分化和专业化、决策的理性化和决策效率的提高、民主参与政治的制度化和扩大化;在社会领域,主要表现为知识水平的提高、教育的普及、社会交往方式的多样化、角色的日益分化、家庭和工作的分离等等。

从1970年代中期开始,社会发展理论开始了一个多样化的转折时期,主要表现在两个方面。

一是现代化理论开始分化,一部分人将兴趣转移到西方发达国家本身的社会发展问题上,主要研究新的科技革命对西方发达国家的影响,这就是未来学研究,它形成了信息社会论和后工业社会论。另一部分人仍然专注于研究发展中国家的社会现代化问题,但研究的视角和方法都有所改变,主要研究发展中国家现代化的初始条件对其现代化的影响,这就是"迟发展"或"后发展"理论。

二是美国和西方国家的一些社会学者经过改进和完善,使依附理论逐渐发展成I.沃勒斯坦等人的"世界体系论"。弗兰克和萨米尔·阿明等依附理论者也纷纷转变成了世界体系论者。世界体系论的研究兴趣已不再局限于发展中国家的社会发展,它从体系的角度研究世界整体的发展问题。

小知识

鲁思·伊里加蕾,法国女性主义者。同艾琳娜·西克苏(Helene Cixous)和朱丽娅·克里斯蒂娃(Julia Kristeva)一起被并列称为当代法国女性主义的三驾马车。由于她们所持的解构现有理论体系的哲学立场,也有评论家称她们为后现代女性主义。著有《他者女性的反射镜》、《非"一"之性》、《原始情感》、《性别差异的道德学》等。

从林肯的独断体会
韦伯权力的内涵

权力赋予职位而非个人。组织最为根本的功能就是提高效率,所以如何获得组织效率是管理必须回答的问题。如果能够理性地分配权力,用法律手段明确权力,组织结构就是最有效的。

美国总统林肯上任后不久,有一次将六个幕僚召集在一起开会。林肯提出了一个重要法案,而幕僚们的看法并不统一,于是七个人便热烈地争论起来。林肯在仔细听取其他六个人的意见后,仍感到自己是正确的。在最后决策的时候,六个幕僚一致反对林肯的意见,但林肯仍固执己见,他说:"虽然只有我一个人赞成,但我仍要宣布,这个法案通过了。"

表面上看,林肯这种忽视多数人意见的做法似乎过于独断专行。其实,林肯已经仔细地了解了其他六个人的看法并经过深思熟虑,认定自己的方案最为合理。而其他六个人持反对意见,只是一个条件反射,有的人甚至是人云亦云,根本就没有认真考虑过这个方案。既然如此,林肯自然应该力排众议,坚持己见。因为,所谓讨论,无非就是从各种不同的意见中选择出一个最合理的。既然自己是对的,那还有什么犹豫的呢?

权力经常会遇到这种情况:新的意见和想法一经提出,必定会有反对者。其中有对新意见不甚了解的人,也有为反对而反对的人。一片反对声中,领导者犹如鹤立鸡群,陷入孤立之境。

决断,是不能由多数人来作出的。多数人的意见是要听的;但作出决断的,是一个人。管理一直以来都存在着一个基本的命题,就是权力是个人的还是组织的?韦伯的答案是:权力赋予职位而非个人。正如上面的故事所讲,权力是赋予总统的,而不是林肯本人,正因为林肯在总统的位置上,所以他可以运用总统的权力最后作出决断。

韦伯从事实出发,把人类行为规律性地化约为一套规则作为社会学分析的基础,他提出了理性设计的原则:权力、职位、非个人性、法律。

这四个原则以最理性的方式预先假定了法律和权力的概念,明确地提出权力与职位的关系。韦伯认为权力是非个人的,必须在法律的界定下来确定权力与职位的概念。韦伯明确而系统地指出理想的组织应以合理合法的权力为基础,没有某种形式的权力,任何组织都不能达到自己的目标。

组织最为根本的功能就是提高效率,所以,如何获得组织效率是管理必须回答的问题。韦伯正是从组织效率出发,找寻影响组织效率的核心要素。他发现合法的权力是决定组织管理的核心。也正是从这个观点出发,韦伯强调组织体系中,法律界定的权力划分,提出了官僚组织结构理论。这套理论为社会发展提供了一种高效率、合乎理性的管理体制,意义非凡。

管理者对于权力的迷恋,放大权力的职位范围,没有权力就无法工作,这些现象都说明我们没有让权力与职位保持联系,反而让权力成为了个人的附属物。于是,我们看到的结果就是需要管理者自身的影响力来发挥作用,无法按照正常的基本程序发挥作用,人们更加关心权力,而不是关心权力如何获得组织管理的效率。

在管理中,我们常说人浮于事。这是因为在很多组织,权力与职位是分离的,所以就出现了权力变成象征和待遇。这时,权力没有承担责任。一方面我们好像是有职位和分工,另一方面拥有权力就意味着可以凌驾分工和超越职位。这样的现象使得我们的管理表面上是现代管理,实际上是封建管理,与现代管理有着根本的差异。

很多企业和组织,现在依然存在这些现象,问题的关键不在于存在这些现象,问题的关键是:我们是否理解韦伯的理论精髓。

小知识

米德(1901~1978),美国人类学家,文化心理学派代表人物之一。认为民族文化对塑造人格与行为模式具有决定性作用。米德的晚期研究转向了当代社会问题,其中对代沟的研究在社会学界有较大影响。著有《萨摩人的成年——为西方文明所作的原始人类的青年心理研究》、《新几内亚人的成长》、《三个原始社会中的性和气质》、《时刻准备着》、《男性与女性——有关变迁世界中性别角色研究》、《苏维埃对权力的态度》、《文化与承诺》等。

黑点白板界定国家、市场和社会的界限

实现一个国家的现代化进程需要界定各个社会基本系统的边界和权力界限，从各个成功进入现代化的国家来看，最需要界定清楚的是国家、市场和社会的关系，也就是政治系统、经济系统和民间组织的关系。

有位老师进了教室，在白板上点了一个黑点。
他问班上的学生说："这是什么？"
大家都异口同声说："一个黑点。"
老师故作惊讶地说："只有一个黑点吗？这么大的白板大家都没有看见？"
你看到的是什么？是否只看到了黑点，却忽略了一大片的白板？其实换一个角度去看！你会有更多新的发现。

这个小故事提出了一个对事物的界定的问题，一个国家，它和市场、社会的界限，就像黑点和白板的关系。

现代化社会就是一种功能分化的社会。现代社会分化成政治、经济、法律、教育、科学和艺术等不同的、独立自治的功能系统，每个系统都有自己明确的边界，每个系统内部都有自己的角色、编码、语言、属性，每个系统都有自己独立而不同于其他系统的运行机制和运行逻辑，每个系统都为整体社会履行独特的、不能由其他系统来替代的功能。一个国家的基本社会制度是否实现了现代化，能否实现功能分化是分水岭。哪个国家实现了功能分化，哪个国家就真正掌握了现代文明的核心要素。

（1）功能分化的现代社会中各个系统比如政治、经济、法律、教育和科学是开放的系统，每个人都可以进出不同的系统，而且可以同时在不同的系统范围内活动。

（2）各个功能系统独立运作，各自为社会履行其独特的功能，因此，每个系统的功能都是不可替代的，都不可能由其他系统来代行其功能。

（3）各个系统独立运作，而且每个系统都是自我指涉、自我描述、自我观察的，也就是每个系统都在用自己的视角来解释和审视世界，也在用自己的视角来解释自己。

今天所有还没有进入现代化社会行列的国家都面临一个极为艰巨的重要任务,那就是确定现代社会各个基本系统的独立边界,然后朝向一个功能分化的社会演变。

一个国家实现现代化进程需要界定各个社会基本系统的边界和权力界限,从各个成功进入现代化的国家来看,最需要界定清楚的是国家、市场和社会的关系,也就是政治系统、经济系统和民间组织的关系。

现代化国家和地区的基本共性在于:这些国家和地区都能明确划分出国家、市场和社会的权力界限。首先是清晰地划分出行政权力的界限,也就是什么是属于国家和政府领域的基本任务。其次是明确划分出什么是市场经济的界限范围,在这个界限范围内经济系统自身的运行机制和运行逻辑主导着经济活动,国家和政府当然可以透过宏观经济政策调控经济活动,但是无法越权直接干预和进行经济领域的活动。第三,更为重要的是,现代化社会能够划分出公民社会和民间组织的界限,能够明确在什么样的领域范围内国家不能再用公共权力介入和干涉该领域的活动,同时也明确规定了在这样的领域中市场原则无法介入公民社会的活动。

比如说国家可以调控工会和企业主之间的谈判,但是无法越俎代庖直接取代工会去进行维护工人利益的活动;一个企业家再有钱,也无权把工会买下来或是垄断在自己的手中,因为这个领域是公民社会自身的领域,权力和金钱都是无权介入其本身的活动的。一旦发生国家权力直接介入公民社会,或是直接进行经济活动,或是经济领域侵蚀国家权力和进入公民社会的现象,就构成了滥用权力和腐败现象,就会受到司法制度的制裁。

明确区分国家、市场和社会的关系是判断一个国家政治制度是否是现代文明的政治制度的重要标志,无法明确三方的关系也必定大大加重社会运行的负担,让腐败、权钱交易和权力滥用无法从根本上得到遏制,从而让一个国家总是处在内部的危机、矛盾中,所以明确区分这三者的关系,对于建设现代化国家,有非常重要的意义。

小知识

丹尼尔·布尔斯廷(1914~2004),布尔斯廷曾长期担任美国国会图书馆馆长和史密森学会所属国家史与技术博物馆馆长,被聘为剑桥大学三一学院研究员。他著有20余部著作,被译成至少30种语言,在世界各地售出数百万册。其中最著名的要数其美国历史三部曲——《美国人》,以及世界历史三部曲——《发现者》、《创造者》和《探索者》。

彩票引出的居民的
社会网络资本与个人资本

除了个人所拥有的资本以外，在行动中还可以借助和使用其社会关系所拥有的资源，即社会资本。个人可以从其正式的社会关系中获取社会资本，也可以从其非正式的社会关系中获取社会资本，即社会网络资本。

罗森在一家夜总会里吹萨克斯，收入不高。

罗森很爱车，但是凭他的收入想买车是不可能的。与朋友们在一起的时候，他总是说："要是有一部车该多好啊！"说这话时眼中充满了无限向往。有人逗他说："你去买彩票吧，中了奖就有车了！"

于是，他买了两块钱的彩票。可能是上天眷顾，罗森凭着两块钱的一张体育彩票，果真中了个大奖。

罗森终于如愿以偿，他用奖金买了一辆车，整天开着车兜风，夜总会也去得少了，人们经常看见他吹着口哨在林阴道上行驶，车也总是擦得一尘不染。

然而有一天，罗森把车泊在楼下，半小时后，发现车被盗了。

朋友们得知消息，想到他那么爱车如命，几万块钱买的车眨眼工夫就没了，都担心他受不了这个打击，便相约来安慰他："罗森，车丢了，你千万不要太悲伤啊！"

罗森大笑起来，说道："嘿，我为什么要悲伤啊？"

朋友们疑惑地互相望着。

"如果你们谁不小心丢了两块钱，会悲伤吗？"罗森接着说。

"当然不会！"有人说。

"是啊，我丢的就是两块钱啊！"罗森笑道。

所谓资本，指的是在行动中可以获得回报的资源。就如故事中罗森买彩票的两元钱以及中彩票后得到的钱。根据个人与资本的不同关系，可将资本划分为个人资本和社会资本。

仅仅是个人的物质资本和人力资本仍然不足以解释其获取的全部回报。除了个人所拥有的资本以外,在行动中还可以借助和使用其社会关系所拥有的资源,即社会资本。个人对其社会资本并不具有所有权,但在行动中可以加以动员。个人可以从其正式的社会关系中获取社会资本,也可以从其非正式的社会关系中获取社会资本,即社会网络资本。由于社会网络资本具有更大的异质性,而且个人在建构社会网络的过程中具有更大的主体性,所以,目前的大多数研究多从社会网络的角度来讨论社会资本,即以社会网络资本来指称全部的社会资本。

网络资本具有以下意义:当个人有需要时,其社会网络中有意愿或有义务提供帮助的人的数量;这些人提供帮助的意愿的强度;这些人所能提供帮助的能力,即这些人所拥有的资源的多少。

个人在一个社会网络中越是处于桥梁性的位置,即所拥有的"结构洞"越多,则他从这个社会网络中获取的社会资本也越多。

社会网络资本的特点是:达高性,透过社会网络所能达到的最高的社会位置。异质性,社会网络包含的社会网络幅度,即网络中最高社会位置和最低社会位置差距。广泛性,即社会网络中包含的不同社会位置数量。

一个社会网络边界越是封闭,内部关系越是紧密,就越有利于社会网络资本的维持和社会网络的再生产。

社会网络资本的定义实际上已涉及到了个人资本和社会资本之间的关系。社会资本是如何影响个人资本,即社会资本是如何起作用的呢?有人将其总结为"信息、影响、信用、强化"。"信息"指的是社会关系可以提供各种有价值的信息;"影响"指的是社会关系中可以在工具性行为中具有重要作用的角色施加影响;"信用"指的是个人的社会关系可以成为其社会信用的证明;而"强化"指的是社会关系可以强化身份和认同感,一方面为个人提供情感支持,另一方面为个人对某些资源的使用权提供公众认可,从而有助于维持个人的精神健康和对某些资源的使用权。

总之,社会资本有助于获取和增加个人资本,也有助于维持现有的个人资本。

小知识

加芬克尔(1917～2011),美国社会学家、民俗学方法论的创始人。所创造的民俗学方法论的核心,是用解释和理解的方法对常识性行动和情景过程进行说明。他的《民俗学方法论研究》一书出版后,在西方社会学界引起了轩然大波,因此他声名鹊起。对社会互动过程的独到见解,丰富和发展了社会学的互动理论。

三个和尚没水吃的涂尔干集体情感说

集体情感之所以能对社会产生整合作用,在于这种感情已经超出个人的范围,诉诸道德和法律规范,因而能够起到维持社会秩序的作用。

很久以前,一座小山的山顶上,上有一座破庙。

有一天,一个矮小的和尚来到山顶的破庙,他看见庙里的水缸没水了,便到山下的小河里去挑水,看见观音的净瓶没水,就给瓶子加了水,看见杨柳干枯,就给杨柳浇水,那干枯的杨柳又恢复了嫩绿。

不久后,一个胖和尚也来到庙中,两人都不愿挑水,后来他们意识到这样下去不行,于是两人就抬水。接着,一个瘦和尚来到了庙中,三人都不愿挑水,水缸也干了,净瓶也倒了,杨柳也谢了,最后风干物燥,老鼠横行,引起了一场大火,三人奋力救火总算扑灭了大火。

火灾后,三人意识到了问题的严重性,通过协商,进行了分工,三人通力合作打水,从此解决了吃水的问题,小庙又恢复了生机。

这就是著名的三个和尚没水吃的故事。故事引出了一个深刻的社会学问题:集体情感在社会整合中的作用。

以作为社会事实的集体情感为法律的基础,强调现代分工社会中情感纽带的道德作用,力创"社会团结感",是涂尔干集体情感主义追寻的理论和实践视点。他把个人感情归结为集体情感,并用集体情感来解释社会的整合和社会的秩序。

集体情感作为一个整体散布在整个社会范围内,且具有超出个人之上的特质,"这些情感既然是集体的,它在我们的意识里所代表的就不是我们自己,而是社会本身"。涂尔干把集体情感与法律联系起来,从法律的角度界定集体情感,表现在它的明确性、一致性和稳定性。他认为,与道德相联系的情感比较模糊,如忠孝之爱、仁慈之爱等,这些感情无法从明文上加以规定;而法律所依托的情感是确定的,这样,人们的情感就会有更大程度的一致性,才能凝聚为一种集体情感。其次,集体情感之所以是集体的,还在于它必须达到一种固定的平均强度,是社会成员平均具有的情感的总和,而且要铭刻在每个人的意识里,得到一致的认可。最后,集体情感不是游移不定和浮于表面的,而是深植于人们内心的情感和倾向;集体情感能够代代相继、代代相传,能够"其人已去,其实焉在"。

法律被定义为能够进行制裁的行为规范。这种制裁可分为两类:一类称为压制性制裁,它的目的是要损害被制裁者的财产、名誉、生命和自由。另一类制裁并不一定会给被制裁者带来痛苦,它的目的只在于拨乱反正,即把被破坏的关系重新恢复到正常状态,这种制裁称为恢复性制裁。

社会团结与"社会整合"是同一意义的概念。社会团结是把个体结合在一起的纽带。团结分消极团结与积极团结。消极团结是透过物权形式所确立的人际关系系统,由于"物权"各归其主,人们之间就会避免相互冲突,所以这种整合所产生的团结是消极的团结、外在的和谐。与消极团结不同,积极团结是一种人们共同协作、内在和谐的系统。积极团结有两种形式:机械团结和有机团结。前一种团结以个人同构型为基础,集体意识强烈,个人人格消失在集体人格当中;而后一种团结以个人的异质性为基础,每个人都能"自臻其境",都有自己的人格。

人们之间存在着丰富的共同情感,人们必须先具有一定的团结性,才会互相信任,从而订立契约,称为"团结契约",这种契约是建立在契约双方"同等的社会价值"基础之上的,并包含了一种"普遍共意要素"。必须有一种共同认可的信仰和感情的集体意识,作为维持社会秩序之契约或其他机制的基础。集体情感之所以能对社会产生整合作用,在于这种情感已经超出个人的范围,诉诸道德和法律规范,因而能够起到维持社会秩序的作用。

小知识

米歇尔·福柯(1926~1984),法国最负盛名的思想家之一。著有《教训与惩罚》、《临床医学的诞生》、《词与物》等。

看电视看出日常生活批判

"回归生活世界"有着更为深刻的内涵和意义。回到日常生活世界的衣食住行、饮食男女、婚丧嫁娶、生老病死、礼尚往来的具体活动,回到生活世界内在的价值、意义、传统、习惯、知识储备、经验积累、规范体系。

张红庆和王俊两个人住在一间宿舍,由于没有发工资,两个人没钱买电视机,但是又非常地想看,于是两个人约好就假装宿舍里有电视一样。

这天下了班以后,两个人就坐在板凳上假装看电视。

张红庆一直拿着遥控器换台,摇头晃脑,洋洋得意。

王俊很不满张红庆的做法,让他不要总是不停地换台,张红庆不听。于是,他们两个打了起来。

文化生活已经渗透到人们的日常生活之中,没有文化的生活,在当今社会已经不可想象。就像故事中所揭示的那样,文化已经下意识地成为生活的主题和背景。

日常生活就是一条长河,科学、艺术等更高的对象化形式都是从这条生活长河中分化出来的。赫勒在《日常生活》中明确把日常生活界定为"那些使社会再生产成为可能的个体再生产要素的集合"。如果没有个体的再生产,任何社会都无法存在。然而,与每一个体的生存息息相关,而又无言地孕育和滋养着人类社会的衣食住行、饮食男女的日常生活世界,却长期处于社会学的视野之外,成为人们熟知但又熟视无睹的背景世界,一种与物换星移、花开日落无异的自然氛围。把日常生活世界从背景世界中拉回到理性的地平线,使理性自觉地向生活世界回归。

生活世界之被遗忘是在两个层面上完成的。首先,在社会结构层面上,历史的进展呈现出从日常向非日常的演化趋势,即从原初的、未分化的衣食住行、饮食男女、婚丧嫁娶、礼尚往来的日常生活世界中逐步分化出哲学世界、艺术世界、科学世界、政治系统、经济体系等非日常生活世界。相应地,人类社会和历史发展的重心也由日常世界向非日常世界转移。其次,在理性反思的层面上,哲学和历史科学的关注点越来越被非日常世界所吸引。人真实地生活于其中的日常世界则被完全从理性的视野中放逐。

因此,"回归生活世界"有着更为深刻的内涵和意义。真正的日常生活批判范式是要使我们的哲学、社会科学研究真正回归到不同时代、不同历史条件下的具体的生活世界,回到日常生活世界的衣食住行、饮食男女、婚丧嫁娶、生老病死、礼尚往来的具体活动,回到生活世界内在的价值、意义、传统、习惯、知识储备、经验积累、规范体系,等等;是要在日常生活的层面上批判地考察每一时代每一文化中的个体如何展开自己的消费、交往、思考和生存,如何形成自我同一性,如何把这些文化背景带入公共的社会生活之中,还要考察生活世界内在的图式、知识储备、规范体系等是如何同社会公共生活和制度安排形成互动。不难看出,这种意义上的日常生活批判范式代表着哲学、社会科学范式的深刻转变。

日常生活批判或生活世界理论极大地拓宽了社会历史理论的视野。如果我们把衣食住行、饮食男女等日常消费、日常交往、日常思维活动纳入社会历史理论的视野,认真考察日常生活世界和非日常生活世界在不同历史时期此消彼长、支撑、制约、互动的关系,我们就可以构造出更为完整的人类世界图景,对社会历史运动肯定会有更为深刻而全面的理解和把握。

日常生活批判或生活世界理论提供了一种微观哲学社会科学范式,一种文化批判的理论视野。日常生活批判并不是对于具体的日常活动及其要素的非批判的描述,而是对于生活世界的内在文化结构和活动机制的分析,特别是对经济、政治、科学、艺术等非日常活动的日常文化根基的挖掘。特别需要强调指出的是,日常生活批判范式对于克服哲学、社会科学理论研究的抽象化顽症,具有根本性的意义。

小知识

安东尼·吉登斯(1940~),英国社会学家,失控世界的知识领袖,他对于马克思、韦伯、涂尔干等人的经典作品的诠释一直是"几代大学生课本的生命线",他还是社会学领域中构造理论的创建者,是他将"现代性"的研究推向了社会学研究的中心位置,提出"全球化"这一名词占领了学术与公共探讨空间,以至于现任欧盟贸易代表帕斯卡·拉米说,是吉登斯,或者说是人们愿意相信是吉登斯,发明了全球化。

113

鱼鹰诱虾引发的实践冲突论

　　实践性冲突是一种非暴力的、低强度、高频率的、非结构性变迁的冲突。冲突只要不涉及基本价值观念和共同信仰,其性质就不是破坏性的,而是建设性的。

　　附近所有的池塘都成了鱼鹰的地盘,但随着它年事增高,精力衰退,鱼鹰老眼昏花看不清水底,无法再去捕鱼捞虾。

　　鱼鹰在池塘边上看见一只虾,便对它说:"我的好伙计,我有一个重要消息告诉大家,大祸将要降临到你们头上,一个星期后,这池塘的主人就要下网捕捞你们了。"

　　虾闻言急急忙忙向大家通报情况,引起一片惊慌。

　　"鱼鹰大人,您这消息是打哪儿来的?您说的靠得住吗?您有解救的办法吗?我们应该怎么办才好呢?"

　　"换个地方。"鱼鹰不容置疑地答道。

　　"可我们怎么换呢?"

　　"你们不用操心,我可以把你们逐个带到我住处的附近,只有我知道这条路,世界上没有比这更隐蔽更安全的地方了。这是一个自然生成的鱼塘,歹毒的人类根本就不知道它的地方。这个鱼塘能使你们全体获得新生。"

　　故事中充满了各种矛盾和冲突。鱼鹰自身生存条件的冲突,鱼鹰和虾的冲突,鱼鹰、虾和人类的冲突。冲突是社会生活的主要的方式之一,如何面对冲突,是社会学研究的重要课题。

　　冲突包括革命性冲突和实践性冲突两个方面。其中实践性冲突有两个含义:一是对冲突状态的描述性问题;二是面对冲突的对策性问题。实践性冲突属于社会事实,具有社会事实的特征——普遍存在于该社会各处并具有其固有存在,不管在个人身上的表现如何,不管其对个人的影响大小如何,这种影响一直持续着。实践性冲突是社会事实的代表,具有社会事实的客观性。

　　人类社会已经步入了一个高度分工的社会。高度分工的社会就会形成各种各样的职业群体和利益群体。这些群体之间存在着合作与竞争,从而出现各种矛盾冲突。高度的社会分工并不会导致社会的分裂,恰好相反,因分工而形成的各种群体之间有着强烈的相互依赖,从而在分工的基础上构建一种有机团结的社会。

同时,分工导致了人的异化。随着工业化的发展,劳动者越来越不易表达自己真实的情感,传统的以劳动表达情感的基本方式离人们也越来越远了。他们正在从自身、从他人那里、从自然之中疏离出来。作为一个群体,他们对任何人都没有威胁;作为个体,他们的生活也很难说有什么独立性,他们完全生活在一种冲突的社会环境当中,既失去了身体的自由,也失去了思想上清新愉悦的成分。他们从事的往往是一些并非出于自己本意的活动。这种内心冲突在长期的紧张匆忙之中会呈现两种异化的心理反应:一种是代替了工作辛苦,因异化造成的心理忧郁与迷乱;另一种是由于社会结构对人们性格的影响,使人们把工作上的异化情感疯狂地投向闲暇之余的活动,久而久之,会形成一种社会取向的病态心理,造成社会巨大冲突的可能。

社会冲突事件的发生,使我们认识到了社会机制存在的问题和社会有机体需要及时作出调整的必要性。

犯罪显然属于"实践性冲突"中的一种类型,犯罪是社会健康的一个因素,是健康的社会整体的一个组成部分。既然在任何一个社会里,个体与集体类型之间总是或多或少有些分歧,那么这些分歧当中就难免带有犯罪性质,它同整个社会生活的基本条件联系在一起,由此也就是有益的,因为与犯罪有密切联系的这种基本条件本身是道德和法律的正常化所必不可少的。罪犯已不再是绝对的反社会存在,不再是社会内部的寄生物,即不可同化的异物,而是社会生活的正常成分。

一个弹性体系可以从冲突中受益,而对一个僵化的体系而言,带来危害的,并不是冲突,而是僵化本身。

小知识

雅克·德里达(1930~2004),法国解构主义哲学家,西方解构主义的代表人物。其核心概念"解构"所向披靡,广泛渗透到艺术、社会科学、语言学、人类学、政治学甚至建筑学等领域。其著作超过40本,目前不少已经译成中文,以《书写与差异》《论文字学》《马克思的幽灵》为代表作。

穷人的梦想与
哈贝马斯"生活世界"的意蕴

"生活世界"不仅以文化、社会和个性为内在结构,而且还构成了交往行动的背景和相互理解的信息库。

每天上午11点,都会有一辆耀眼的汽车穿过纽约市的中心公园。车里除了司机,还有一位主人——无人不晓的百万富翁。

这位百万富翁发现:每天上午都有一位衣着褴褛的人坐在公园的凳子上死死盯着他住的酒店。有一天,百万富翁对这个人产生了极大的兴趣,他让司机停下车并走到那人的面前说:"请原谅,我不明白你为什么每天上午都盯着我住的酒店看。"

"先生,"穷人说,"我没钱、没家、没住宅,只得睡在这条长凳上,不过,每天晚上我都梦到住进了那座酒店。"

百万富翁觉得很有趣,于是对那人说:"今天晚上我就让你如愿以偿。我为你在酒店订一间最好的房间,并支付一个月房费。"

几天后,百万富翁路过穷人住的酒店套房,想顺便问一问他是否觉得很满意。然而,他发现那人已搬出了酒店,重新回到公园的凳子上了。

百万富翁来到公园,询问穷人为什么要这样做,穷人回答道:"一旦我睡在凳子上,我就梦见我睡在那座豪华的酒店,真是妙不可言;一旦我睡在酒店里,我就梦见我又回到了冷冰冰的凳子上,这梦真是可怕极了,以致完全影响了我的睡眠!"

在人们生活的世界,梦想和交往是两个永恒的主题。社会学不可避免地要深入到生活之中,寻求人类社会微观生活的差异及其意义。

"交往活动"与"生活世界"的相互阐释,构成了哈贝马斯的交往行动理论的规范性基础。哈贝马斯的"生活世界"理论具有三重意蕴:"生活世界"不仅以文化、社会和个性为内在结构,而且还构成了交往行动的背景和相互理解的信息库。同时,生活世界不仅具有内在结构的功能,而且还有与客观世界、社会世界与主观世界相连的外在功能。

生活世界从来就不是单维的,而是具有多重内涵的交织体。文化、社会和个性构成了"生活世界"的三维结构。在它们相互联结的复杂关系中,由于自我与他人的互动的介入,生活世界成为了错综复杂的意义关系网络,但是人类交往确实在这三者的相互交融与彼此分殊中充当了客体中介。但哈贝马斯的确看到了这样的真理,社会对"个人—文化"互动的中介功能和文化对"个人—社会"互动的中介功能,亦即"个人—社会中介—文化"与"个人—文化中介—社会"的互为中介的客观结构。

作为交往背景的"生活世界"。要达致相互理解的交往行动并不是在真空内进行的,而必然要在其背后存在着与交往行动形成互补的背景,这一交往背景内涵是生活世界的内容规定性之一。

作为理解信息库的"生活世界"。交往背景只是生活世界内容的一个方面,生活世界还能为交往行动者的相互理解提供"信息储存库",这是生活世界对交往行动参与的更为能动的方面。

"生活世界"的结构功能。实质上,生活世界不仅具有内在的(文化、社会和个性)的结构,而且还有外在的与哈贝马斯所谓的"世界"(客观世界、社会世界与主观世界)相互关联和相互作用。如此看来,生活世界就具有了内在的与外在的两种结构化功能。

任何两个具有不同主观世界的交往参与者在相互交往过程中,在扮演交往双方的不同角色的过程中,一方面都要与客观世界发生相互关联,而另一方面还都要与社会世界产生联系,这里的社会世界就是双方角色熔铸而成的社会关系结构。这样,生活世界与"世界"间便构成了一种张力场,交往双方正是在这一场域内来完成交往过程的。

小知识

米尔斯(1916～1962),美国"知识分子"。米尔斯希望透过对于社会人文知识分子的召唤,打破后现代知识垄断于科层制与专家的情况。著有《社会学的想象力》、《权力精英》等。

洗澡的"大众社会"理论与现实

在当代社会,市民自由的畸形发展导致了人们过分热衷于自身的个体利益,从而产生对政治和公共生活的冷漠,而社会结构与制度过分强调稳定性和连续性又压抑了个体的自由天性。

天气一天天热起来了,每天晚上洗澡成为民工们最苦恼的事。夏天洗澡本来比冬天洗澡还好办一些,把水管子往僻静处一牵,衣服裤子一脱,黑夜成为最好的大浴室,又通风,又凉快,一天的劳顿和疲倦被凉水一冲,像身上的尘垢和泥土一样,消失得干干净净,这是多么惬意而舒坦的事啊!

然而,很快开始安全文明生产了,民工们觉悟很低,理解不到安全文明生产的重要意义,只是觉得那是坐在空调车里的大人物们想出来的新招,这使他们感到难受。首先,严禁赤膊施工,因为这样很不文明,包工头们很不情愿地接受了文明,在处理品市场买回一大堆不透气不吸汗的厚衣服,把民工们扎扎实实地文明了起来。接下来,报纸的记者们又以暗访和卧底的形式,将民工们半夜在楼上洗澡和小便的镜头偷拍了下来,引起了有关部门的高度重视,又进行了一次专项治理。

天气实在太热,不洗澡确实难以入眠,民工们于是决定以文明的方式到浴室去洗澡,在寻找的过程中他们发现,在三环路以内,很难找到一个浴室,他们每天下班去洗澡,来回的路程足以使他们再出一身大汗。而且,在浴室里文明地洗一回澡,几乎要消耗不少他们在毒日头下辛苦劳动挣来的工钱。这条路自然也堵死了。

后来,有头脑灵光者发现公共厕所其实是个洗澡的好地方,那里味虽然差点,但有水有地盘,花上几角钱门票,可以在里面美美地冲一回水。这个发现使民工们快乐了十天,在第十一天的时候他们发现,每晚10点,也就是他们下班的时候,厕所的水龙头上就会多一把锁。

民工们又只好回工棚睡觉,在充满潮气和汗味的工棚里,平常不请自来的瞌睡却怎么也不肯光临。

有人憋不住了,悄悄溜出去,把水管牵进尚未竣工的大楼里悄悄地洗,他们可以止住自己不吹口哨不唱歌不发出任何表达他们洗澡时的快乐的声音,却制止不了水流在地上的声音,这个声音,却重重地刺激了大楼周围住宅里城里人一天比一天脆弱的神经。于是,一个个窗户亮了,接下来就是一片叫骂之声。

有人拨110;有人打报社热线。

民工洗澡问题成为新闻媒体最关注的社会问题,民工们看不到报纸但听得到电视,他们说,我们不想要素质,我们只想一个洗澡的地方。

当许多个人集合到一起时,一个群体诞生了。他们混杂、融合、聚变,获得一种共有的、窒息自我的本性。他们屈从于集体的意志,而他们的意志则默默无闻。这种压力是真正的威胁,许多人有淹没的感觉。这就是所谓的大众社会。

"大众社会"的含义:首先,在个体层面,它揭示了工业化社会摧毁传统社群结构之后个人的原子化生存状态,工业化促进了个体的自由流动,却割裂了社区层面的感情纽带;滋生了个体的新生活和思考方式,却步入了新的标准化和格式化陷阱。其次,在国家与社会关系层面,由于缺乏中间组织的缓冲,国家直接面对个体,国家力量可以大规模地深入社会内部,而大众又很容易为少数精英所鼓动甚至控制。第三,在社会文化层面,大众传播媒体的急遽膨胀满足了个体消除孤立和疏离感的愿望,却创造了缺乏社会约束的国家权威流通渠道,使国家可以更轻易地通过社会教化、动员和整合制造同构型的"臣民文化"。

"大众社会"所触及的人与人之间的孤立性、人与组织之间的依附性以及人与社会之间的疏离性等社会痼疾,市民社会理论体系能否纳入、梳理和解决呢?毕竟,在当代社会,市民自由的畸形发展导致了人们过分热衷于自身的个体利益,从而产生对政治和公共生活的冷漠,而社会结构与制度过分强调稳定性和连续性又压抑了个体的自由天性。

现代国家建设的一项重要内容就是对公民性格的型塑。民主国家需要能担当责任的公民,需要古希腊罗马时代的"公民美德",需要"一套广泛传播的文明抑或市民的风范"。否则,现代国家所能培养的仅仅是大众人,他们所承载的文化特性并不能担当起培育市民社会的重任。

从"严管妻"到"妻管严"

现今,女性不但享有自主选择婚姻的权利,而且,在婚姻家庭生活中,女性也撑起"半边天",占有一席之地,发挥重要的作用,不再是男性的"附属物"。

几对年轻的夫妇外出旅游,在一个地方休息,为了验证几位男士是否"妻管严",导游让几位男士站到了一块。

然后说:"怕老婆的站过来!"

忽啦啦,差不多全部都过去了,最后剩下一位男士仍站在原地。

有人问:"看来只有你不怕老婆了。"

"不,我没有得到老婆的允许,不敢动地方。"那位男士回答道。

婚姻是男女缔结夫妻关系的一种文化现象。毋庸置疑,在人类社会繁衍发展的过程中,婚姻起到了结合两性、繁衍子嗣、稳定社会的重要作用。

婚姻之道,谓"嫁娶之礼","男以昏时迎女,女因男而来。嫁,谓女适夫家;娶谓男往娶女。论其男女之身谓之嫁娶,指其好合之际,谓之婚姻",这些都是古人对婚姻的注解。

由于历史久远、疆域广袤、民族众多和经济发展水平等因素的制约,以及以儒家为主体的传统文化的深刻影响,中国古代婚姻文化内涵丰富且特色鲜明。

古代婚姻重礼轻爱。举行正式仪式的婚姻才被社会和家庭认可。婚姻礼仪包括议婚、订婚和结婚等全部过程的礼仪程序,主要分为"成妻之礼"和"成妇之礼"。婚姻重礼,当事人无自主权,而由媒人与父母参与或作主。古代婚姻文化的经济性表现得十分突出。男女双方在选择配偶时大多考虑双方家庭财产多寡。婚姻在缔结过程中非常注重聘礼,聘礼越重,女子的身价筹码越高。而女子出嫁时陪送嫁妆,也体现了婚姻当事人的经济动机。

自私有制产生后曾出现过劫夺婚,即男性凭借武力(包括战争)、体力劫夺女性以成婚,但这种婚姻形式后来一般发展成假劫真婚的一种婚俗,至今仍保留于一些少数民族的婚礼中。主流的婚姻形式是通过媒妁的聘娶婚以及买卖婚,或者是这两者不同程度的结合。单纯的买卖婚是将女性视如货物而标价出售,这种情况至

今仍在某些地区,主要是贫困落后地区存在。聘娶婚一般都通过媒妁介绍进行,所谓"父母之命,媒妁之言",收取聘礼,履行一定的婚礼形式而成婚,这种形式一直延续到现在,尤其是在不少农村地区。如果聘娶婚中的聘礼含有收受财物的目的,则有买卖婚的性质。

在封建时代,在婚姻问题上,男子一直占据主动权,女性几乎没有自主选择的权利,所以,过去"三纲五常"的基础上产生的只能是"夫为妻纲"的"严管妻"婚姻。

而随着时代的发展,社会的进步,现代人的婚姻观已发生很大变化。

在现代人的观念中,婚姻是靠什么维系的呢?是靠感觉!现代都市中,若初恋的男女感觉非常相爱,往往会对恋人说:"亲爱的,让我们结婚吧!"这便是一种非常好的感觉,而正离婚的伴侣,便有一种爱到尽头相对无语的感觉,都想走出烦人的围城去寻找另一种心灵的解脱。

从根儿上说,在现代人的观念中,婚姻应该建立在感情和共同的志趣之上。

与以前相比,即使时下有些年轻人谈婚论嫁时崇尚的"门当户对",与过去的"门当户对"不同,实际上是指经济实力旗鼓相当或者悬殊不大。

现今,女性不但享有自主选择婚姻的权利,而且,在婚姻家庭生活中,女性也撑起"半边天",占有一席之地,发挥重要的作用,不再是男性的"附属物"。

值得注意的是,在家庭生活中,还出现了"妻管严"的新现象,引起大家的关注。在汉语中,"妻管严"和一种呼吸道疾病"气管炎"谐音。所指的是,家庭中,以女性为中心,男性对女性言听计从,而不再是以男子为中心。在女人眼里,家庭资源的管理是以家为核心的。女性更加维护家庭生活,她们认为,如果有时间,就应该多与家人呆在一起。"妻管严"这个称呼是被男人周围的伙伴给予的。结婚使男性以前所维持的工作、家庭和朋友之间的平衡被打破了。有些女人是"妻管严"

中的好手:一方面考虑掌握实权,另一方面也考虑男性的社会地位和由此带来的社会资源。这是比较好的形式,对男人实际控制得很牢,但在场面上照顾男人的面子。这是一个交往技术的问题。

且不论"妻管严"的社会作用是积极还是还是消极,这种现象起码反映出女性在整个社会中地位的普遍提高,以及女性自身能力的提高。

小知识

格奥尔格·齐美尔(1858～1918),德国社会学家、哲学家。提出冲突的存在和作用,对冲突理论起了很大的促进作用。他还对文化社会学有突出贡献。齐美尔的唯名论、形式主义、方法论的个体主义思想和理解社会学思想,直接影响到以后的德国社会学家,同时对美国社会学也产生很大的影响。著有《历史哲学问题》、《道德科学引论:伦理学基本概念的批判》、《货币哲学》、《康德〈在柏林大学举行的16次讲演〉》、《宗教》、《社会学:关于社会交往形式的探讨》、《社会学的根本问题:个人与社会》。

从国王制作牛皮鞋看
国家社会资本的功效

国家社会资本具有公共物品性质。非制度性权威、公民结和社会信用系统是它的三大特点。

先前有一个国王统治着一个很富足的国家。

一天,他徒步来到一个较远的地方视察工作,返回宫殿的时候,国王感到他的脚疼痛万分,因为这毕竟是他第一次步行出远门,而且所行之路崎岖不平,沙石遍布。于是国王下令将全国道路统统铺上皮革,尽管,这需要成千上万张牛皮,花费大量的资金。

智囊团的一位谋士斗胆向国王建议道:"英明无比的国王陛下,您没有必要花那么多无谓的冤枉钱啊,您只需割下一小块牛皮,包着您尊贵的龙足,就可以起到同样的效果了嘛。"

国王惊讶不已,很快就接纳了谋士的建议:为自己制作了一双"牛皮鞋"。

这个故事里,国王在动用权威为自己谋取利益时,受到了国家社会资本的挑战。

国家社会资本具有公共物品性质。其内容和形式具有多样化的特点,归纳起来三个主要内容——非制度性权威、公民结和社会信用系统。

国家是集合了一整套功能与结构并将适应性予以普遍化的集体。国家的一整套功能与结构在很大程度上就是要整合各种社会力量,维持社会的动态平衡。当社会内部冲突无法通过社会自身机制予以解决时,社会往往诉诸国家,希望透过国家来化解冲突。而国家功能的实现和意志的传输都得以权威为基础。而事实上在很多情况下的确存在可不动用强制权力的手段。

非制度性权威与正式制度产生的权威是相对的。正式制度包括政治规则和契约,以及由这一系列的规则构成的等级结构,它具有强制力,对个体产生的是一种外在约束。正式制度权威的创建需要长时间相当繁琐的工作,且耗资巨大。它是由法律制度赋予的,不属于社会资本的范畴。与前者相比,非制度性权威的规范和要求已经或多或少地蕴含在社会中。它由人们内心认同、自发授予并建立在威望和尊敬之上,既表现为一种影响力和引导力,又表现为一种互动中的权力关系。它是一种生产性而非压制性权力关系,较制度性权威更深入到社会关系的各个方面。由于它主要从服从一方的赞同和认可中产生,因此它可使服从方在更广阔范围的社会生活中受到限制。

非制度性权威的作用首先在于将对人们的外部约束转变为自我约束,人们逐渐忘却正式制度直接的、命令的约束,无形中接受了间接的、肯定式诱导的约束。其次,正式制度的运作中有非制度性权威护驾能更有效地实施。

公民结意指公民个体之间通过私人交往或组织(包括社团和政党)交往而产生的互动关联。公民结包括公民参与网络。根据公民之间互动频率和强度的不同,公民结可分为强公民结和弱公民结。个人层次上的公民结强度受个体与他人亲近程度和彼此信任度的影响,呈现一种差序格局状态,而国家层次的公民结的强弱主要受一个国家的精神和文化机制影响。

诚信与信任问题存在于整个国家和社会的各个领域。作为国家社会资本重要内容的诚信与信任,既体现为建立在理性的社会制度的存在物,也体现为基于道德和习俗之上的文化规范。在社会信任系统的两种类别中,社会以何种类别的信任系统为主导,关系到国家的经济绩效和发展模式与道路的选择。社会信任系统不完善或者说信任结构缺失的后果是全方位的,将导致整个社会生活和经济秩序的运行和维持变得艰难,而具体对于经济领域来说,包括交易成本的增大和资源分配效率的降低。

小知识

马尔萨斯(1766~1834),英国人口学家。他的《人口论》标志着近代人口学的崛起,提出了有名"人口控制学说",在人口理论发展史上开辟了一个新的时代,对人类社会的发展产生了极为深远的影响。

两个半片的子爵
体现的人性

人性有利他性的一面,在人性的内容上,存在双重的人性:个性和共性。共性处于支配的地位。现代性使人性有了差异。

七世纪末,奥地利皇帝统率基督教大军讨伐土耳其异教军。

风华正茂的梅达尔多子爵参军来到前线。不幸,他在第一次战斗中,便被敌方的炮火击中,一颗炮弹不偏不倚,正好把他从头到脚伤成整整齐齐的两半。

子爵从此分裂成了两个半片的人。右边的半片,是邪恶的子爵;左边的半片,是善良的子爵。

邪恶的子爵返回故乡,以疯狂的残忍,干着种种伤天害理的事情。无巧不成书,善良的子爵随后也重返家园,他的行为同邪恶的子爵截然对立。他处处行善积德,救济贫困,为村民排忧解难。

说来有趣,两个半片的子爵同时爱上了一位美丽的牧羊姑娘帕梅拉。于是,一场决斗不可避免了。他们在格斗中互相劈开了对方原先的伤口,顿时,鲜血喷涌。

抢救的医生把他们缝合。这样,善良的子爵与邪恶的子爵的血肉又粘连成一体,当子爵从昏迷中醒来时,他已成为一个完整的人。

这是一个有关人性的故事,交织整个故事的是人性的利己和利他的斗争。

社会学的主旨,并不仅仅在于了解和重建业已消失的各种文明形式。相反,同所有实证科学一样,它所要解释的是与我们近在咫尺,从而能够对我们的观点和行为产生影响的现实的实在:这个实在就是人。

社会学中,一个比较完整的人性体系,主要包括如下几个相互联系的方面:

人性有利他性的一面。无论何时何地,社会中都有利他主义的存在,因为社会是团结的。在现实生活中,我们怎能离开利他主义呢?人类如果不能谋求一致,就无法共同生活;人类如果不能相互做出牺牲,就无法求得一致,他们之间必须结成稳固而又持久的关系。每个社会都是道德社会。判断利己和利他的原则——是否

125

利于社会团结或者社会道德形成。

在人性的内容上,存在双重的人性:个性和共性。人是双重的或者人具有两种存在:一是个体存在,它的基础是有机体,因此其活动范畴是受到严格限制的;二是社会存在,它代表着我们通过观察可以了解到的智力和道德秩序中的最高实在,即我们所说的社会。在实践过程中,我们的这种双重本性所产生的结果是:道德观念不能被还原为功用的动机;理性在思维过程中不能还原为个体经验。只要个体从属于社会,他的思考和行动也就超越了自身。在个性和共性的数量关系上,随着时代的变迁,个性和共性在人性中所占的比例也在发生着变化。在传统社会,共性占了绝对上风,而在现代社会,个性开始张扬。个性在原始社会是不存在的,它只是随着文明发展才逐渐产生出来。因为事实上,低级社会并没有给个人的人格留下任何余地,当然也谈不上人为地限制和压制它们,原因很简单,那时候根本不存在这些人格。你见到了一个美洲土著,你就见到了所有的美洲土著。相反,即便没有事先的暗示,我们也能一眼看得出两个文明人的差别。

在与现代社会相对立的传统社会,人性中的个体性是根本不存在的,个人与个人之间存在着惊人的同构性,当然就谈不上随着现代性的来临和发展对它的压抑和歪曲这样的问题。相反,正是因为现代社会的环境,包括社会分工,个性或者个人差异的存在和发展才有了可能。

小知识

拉马克(1744～1829),法国博物学家。生物学伟大的奠基人之一,生物学一词是他发明的,最先提出生物进化的学说,是进化论的倡导者和先驱。他还是一个分类学家。主要著作有《法国全境植物志》《无脊椎动物的系统》《动物学哲学》等。

100万支票上的资本、习性与社会阶级关系

布迪厄理解的社会世界与资本有着直接的本质的联系。实际上划分阶级的依据是根据每个行动者所拥有的资本的总量。经济资本和文化资本是两种最主要的资本类型。

有一次,爱德华·查利弗先生为了赞助一名童军参加在欧洲举办的世界童军大会,极需筹措一笔经费,于是就前往当时美国一家数一数二的大公司,拜会其董事长,希望他能解囊相助。

爱德华·查利弗拜会他之前,曾听说他开过一张面额100万美金的支票,后来那张支票因故作废,他还特地将之装裱起来,挂在墙上以作纪念。

所以当爱德华·查利弗一踏进他办公室之后,立即针对此事,要求参观一下他这张装裱起来的支票。爱德华·查利弗告诉他自己从未见过任何人开具过如此巨额的支票,很想见识见识,好回去说给小童军们听。

他毫不犹豫地就答应了,并将当时开那张支票的情形,详细地解说给查利弗听。

查利弗先生并没有一开始就提起童军的事,更没提到筹措基金的事,他提到的只是他知道对方一定很感兴趣的事,结果呢?

说完他那张支票的故事,未等他提及,那位董事长就主动问他今天来是为了什么事?于是他才一五一十地说明来意。出乎他的意料,他非但答应了爱德华的要求,而且还答应赞助5个童军去参加该童军大会,并且要亲自带队参加,负责他们的全部开销,另外还亲笔写了封推荐函,要求他在欧洲分公司的主管,提供他们所需的一切服务。爱德华·查利弗先生满载而归。

这个故事很有意思,读到它就不免让我布迪厄想到了关于资本、习性与社会阶级的论述。在这个故事里,作为符号权力的资本、文化习性等,得到了充分的体现。下面我们说说布迪厄的符号权力理论,看看布迪厄是怎样论述资本、文化习性和社会阶级之间的关系的。

布迪厄提到了三种主要资本形式,即经济资本、文化资本和社会资本,又把此三者的合法形式称之为符号资本,比如经济资本的合法形式之一就是信誉。但是

其中他比较独辟蹊径、运用得比较得心应手并且发生广泛影响的是他的文化资本的理论。

布迪厄理解的社会世界与资本有着直接的本质的联系。实际上划分阶级的依据是根据每个行动者所拥有的资本的总量。经济资本和文化资本是两种最主要的资本类型。拥有非常多的资本的人,例如大企业主、银行家、工业巨头、高级专职人员、教授、艺术家,就构成了统治阶级,而拥有较少资本的人,例如体力劳动者、工匠即是被统治阶级。

文化资本尽管有相对自主性,但是它来源于经济资本,因此也在总的原则上受制于经济资本。所以,知识分子拥有较多的文化资本和较少的经济资本,它就变成了统治阶级中的被统治阶级。

每个行动者所占有的资本决定了他/她在社会空间中所占据的位置,而这一位置又塑造了他/她的习性,习性就是一套性情系统,对于外部世界的判断图式和感知图式,当然也包含我们上文提到的趣味。习性来源于早年的生活经验,并得到教育系统的强化或者调节,最后,习性与一个行动者在社会结构中所处的位置存在着互动关系:习性决定了行动者的社会位置感,另一方面,行动者的位置又不断塑造着习性。上层社会虽钟情清淡、精致的食品,但有的人身居高位,但是仍然喜欢大碗喝酒,大块吃肉,说明了他们不能摆脱童年贫困生活对自己的历史纠缠。

有一本划分中国社会各阶层的书,据说是按照收入来划分的。按照布迪厄的说法,收入是重要的,但是并不是决定阶级分层的唯一要素,因为它忽视了文化习性的重要意义。对于十个手指戴满戒指,手指中还有未洗净污垢的暴发户,上层社会并不竭诚欢迎他的加盟。暴发户的策略是通过给后代提供最好的教育机会,将经济资本的一部分转换成文化资本,从而抬升其文化地位。

小知识

海德格尔(1889~1976),德国社会学家、哲学家,存在主义学说创始人。认为时间性是人的存在方式,世界是形而上和形而下的统一,是一切关系和意义的总和。著有《存在与时间》、《诗人为何》等。

米开朗基罗雕出
文化资本化

对文化加以资本化，是现代社会发展的结果。文化产品虽然有它的独立价值，但只有把它置于特定的社会空间特别是文化生产场中，其独创性才能得到更为充分的解释。

有一块上好的雕刻石材却被一名拙劣的雕刻师给凿坏了。他在应该是雕人物腿的部分误凿了一个洞，于是这块不可多得的大理石就被遗弃在一个教堂里了。

有一天，有人请来了米开朗基罗。他们认为，只有他可以运用这块大理石石材，并且能运用得非常出色。米开朗基罗看了看这块石头，得出了一个结论：他可以雕出美丽的人形，只要调整姿态遮掩住被破坏的部位。

米开朗基罗决定雕刻手上拿着弹弓的年轻戴维。几星期之后，米开朗基罗完成得差不多了，在作最后的修饰。一天，该市的市长进入工作室。他自以为是行家，仔细地品鉴了这项作品，最后他告诉米开朗基罗，虽然这是了不起的杰作，但是鼻子太大了。

米开朗基罗知道市长正好站在大雕像的正下方，因此视角不正确。他不说一句话，只是招呼市长随他爬上鹰架，到达鼻子的部位，他拿起刻刀和木板上的一些碎大理石，市长站在下面的鹰架上。米开朗基罗开始用刻刀轻轻敲着，让手上搜集来的石屑一点一点掉下去。

事实上他没有改动鼻子，但是看起来好像在努力修改，几分钟装模作样之后，他站到一边说："现在看看吧！"

市长回答："我比较喜欢这样，你让它栩栩如生了。把它摆放在我的办公室吧，我会付令您满意的酬金的。"

这是文化资本化的例证。米开朗基罗把他的艺术转化成了物质的利益。

以前人们认为"文以载道"或者"美是道德的象征"这一类观念是天然合法的，当然也有人强调文学应当反抗政治、经济和道德等对文学的支配，强调文学除了自身之外没有任何别的目的。文学场是围绕着对于文学

129

的幻觉而被组织起来的。

"为了生产的生产",作家们创作作品只是为了给同行看,因为曲高和寡,别人也一时看不懂,这当然在经济上就容易陷入窘境,但是从长远的观点来看,却有可能在未来获得较多的经济收益,因为以后成了名作必然会畅销;另一极是"为了受众的生产",那些作家为了迎合受众的口味而创作,这主要就是畅销书作家,当然,这些作品会迅速获得市场效应,同时,不久可能会被别的畅销书取代。前者在文学场上由于具有较多的文学资本,因而居支配地位;后者只是具有较多经济资本,因而只能处于从属地位。

文学场始终处于永动不居的斗争之中。就内部斗争而言,存在着已经获得经典地位的作家与希望获得统治地位的新兴作家之间的符号斗争。有人分别把他们分为牧师和先知两类作家。牧师要捍卫正统,而先知则通过预言未来要推翻经典作家的统治。斗争的目的在于获得更多的文学资本,从而获得垄断文学合法定义的权力。新生代作家一个经常采用的策略是以宣称回归到文学的本源的名义,以新的文学命名活动来废除当下文学观念的合法性,并增加自己的符号筹码。

外部斗争则似乎是社会学家关心的主要方面。这就是居于从属位置的作家挪用外部资源来调节内部斗争。那些拥有广大读者、拥有较多经济资本的作家,不甘心在文学场上处于被支配位置,他们通过将自己的作品改编成电影、电视,透过广播、报纸、电视台等大众媒介的活动,将自己得之于文学的经济资本转换成另一种符号资本,并向文学场施加压力,使得文学场屈从于外部的文学标准。文学场在权力场中仍然居于从属地位,它的自主性表现在,当别的决定要素试图将自己的逻辑强加到文学场内部时,必须要按照文学场的游戏规则加以变形。

小知识

汤因比(1889~1975),英国历史学家,早年曾在牛津大学接受古典教育,并成为希腊罗马史和近东问题的专家。1919~1955年,汤因比长期担任英国伦敦大学教授,并多次参加政治和社会活动。他的一生著述很多,但全面反映他历史观点并使他成名的是一套12卷本的巨著《历史研究》。这部书被誉为20世纪最伟大的历史著作。

绞绳断裂处的符号暴力

文化趣味的区隔（高雅/通俗，形式/功能，深刻/肤浅，尊贵/卑下，体面/粗鲁等等）实际上反映了一种权力关系。布迪厄在文化领域揭示文化生活中的权力动力学和基本结构。

尼古拉登基后，平定了一场叛乱，他决定判处其中一名领袖李列耶夫死刑。

行刑的那一天，李列耶夫站在绞首台上，绞刑开始了，李列耶夫一阵挣扎之后绳索突然断裂了，他猛然摔落在地上。在当时，类似这样的事件被当成是上天恩宠的征兆，犯人通常会得到赦免。他向着人群大喊："你们看，俄国的工业就是如此差劲，连制造绳索也不会！"

一名信使立刻前往宫殿报告绞刑失败的消息，虽然懊恼于这突如其来的变化，尼古拉一世还是打算提笔签署赦免令。

"事情发生之后，李列耶夫有没有说什么？"沙皇询问信使。

"陛下，"信使回答，"他说俄国的工业如此差劲，甚至不懂得如何制造绳索。"

"这种情况下，"沙皇说，"让我们来证明事实与之相反吧。"于是他撕毁赦免令。

第二天，李列耶夫再度被推上绞刑台。这一次绳索没有断。

对待同一事件，采取截然相反的态度，这种情况一般认为是区隔造成的。区隔在社会生活中随处可见，而文化的区隔多数是由于社会等级造成的。

我们看布迪厄的三个区隔：

一是趣味分野与社会等级。康德的形式主义美学暗示，艺术天才乃是一种与生俱来的个人天赋，但是布迪厄的调查却表明，一切文化实践中存在的趣味，实际上与教育水平和社会出身两大因素相关。有什么样的文化消费者的社会等级，就有什么样的艺术消费等级。审美无功利关系的纯粹性使人们忽视，只有少数人，才能够掌握编码艺术品的代码，而这些人不是因为他们比别人天资更为聪颖，只是因为他们拥有的经济资本或由此转化而来的文化资本使他们可以接受较好的高等教

育,可以摆脱生活的直接性和必要性。

二是纯粹凝视与功能满足。布迪厄不仅仅止步于对于艺术的消费,而且把这个问题推进到了人类的所有的文化实践领域。纯粹美学带来的纯粹的凝视,作为历史的发明,不仅仅成为文化生产场的基本信念,而且,还带来了一种向文化生活各个领域强加自己逻辑的美学性情,其基本特征就是强调形式高于功能,强调表征模式高于表征对象。

三是自由趣味与必然趣味。由于纯粹的凝视的合法性和神圣性,没有什么被凝视的对象是不美的了。统治阶级通过以风格化的形式来否定功能和内容,通过类似于圣餐变体论的自我神化,使自己将肤浅快感提升为纯粹快感,从而在文化实践和日常实践中获得了一种特权,一种摆脱任何低级趣味可能性的绝对自由。

由此可见,文化趣味的区隔(高雅/通俗,形式/功能,深刻/肤浅,尊贵/卑下,体面/粗鲁等等)实际上反映了一种权力关系。

为什么触目皆是的社会不平等没有遭到强有力的反抗?在布迪厄看来,这是因为统治阶级改变了统治策略,他们不再进行粗暴愚蠢的身体强制,而是改变成了温和得多的控制形式即文化实践形式。简单地说,他们的统治变成了多少类似于催眠术的符号统治,在此统治下,被支配阶级和统治阶级达成了共识,准确地说,就是被支配者接受了支配者的理念,并将这些理念误认为正确的、因而自己应当遵守的理念,而意识不到支配者对自己的符号支配。这种权力形式布迪厄称之为符号暴力。布迪厄认为,文化资源、文化体制或文化实践则是将此类统治合法化的主要工具,至于教育系统,则强化了对此社会不平等关系的再生产。

小知识

约翰·梅纳德·凯恩斯(1883~1946),英国经济学家、社会学家。经济学界最具影响的人物之一。他发表于1936年的主要作品《就业、利息和货币通论》引起了经济学的革命。曾被誉为资本主义的"救星"、"战后繁荣之父"。

搭便车搭出的搭便车理论

公共物品一旦存在,每个社会成员不管是否对这一物品的产生做过贡献,都能享受这一物品所带来的好处。

热浪来临时节,人们纷纷涌向海滩。

一对年轻夫妇开车去海滩的路上,他们忽然看见一个手里拿着牌子要求搭便车的人,他们猜想上面写的一定是他要去的地方,便放慢速度,想顺便搭上他。

当他们缓缓靠近那个人,准备停车时,才看清牌子上的字:只搭有冷气的车!

后来,他们又看见一个人拿着牌子,他们以为又是想搭便车的人,就没有理会,开车快速驶了过去,谁知没走多远,就被一辆警车拦住,示意前方道路维修,改道行驶。

当他们调回头来到拿牌子的人身边时,才看清上面写着:不看牌子你还得回来——前方修路!

这个故事与本文要讨论社会学里的搭便车理论,除了有比喻上的关联外,也具有某些内在质的相似之处,就是对公共物品的享用问题。当然,故事里的公共物品,并非是车,而是海滩和公路。

要理解搭便车理论,首先必须理解什么是公共物品。公共物品指的是一经产生,全体社会成员便可以无偿共享的物品。公共物品十分常见,比如,在现代社会中,国防、不付费公路、社会福利、公共教育、法律和民主都是常见的公共物品。而社会上的大部分物品都不是公共物品,比如,在商厦里看到的琳琅满目的商品。虽然社会多数物品不是公共物品,但公共物品却是我们整个社会和文明得以存在的关键。公共物品问题和与之相应的搭便车理论在集体行动和社会运动研究中之所以重要,是因为社会运动和革命的目标,如民族独立、民主自由、男女平等、提高工作待遇、环境保护,等等,都是公共物品。

奥尔森搭便车理论的中心论点是:公共物品一旦存在,每个社会成员不管是否对这一物品的产生做过贡献,都能享受这一物品所带来的好处。公共物品的这一特性决定了,当一群理性的人聚在一起想为获取某一公共物品而奋斗时,其中的每一个人都可能想让别人去为达到该目标而努力,而自己则坐享其成。这样一来,就会形成俗语所说的"三个和尚没水喝"的局面。这就是所谓的搭便车困境。

奥尔森提出了一系列解决搭便车困境的途径。其基本思路是,集体行动所追求的目标是公共物品,而公共物品所提供的只是一种集体性激励,既然集体性激励不足以让一个理性的人为了获取某一公共物品而奋斗,那么,选择性激励就很有必要。所谓选择性激励就是,如果你不参加某一集体行动就不能得到或将失去某些东西。奥尔森所提出的选择性激励有三种。

"小组织原理"。当一个组织或社会网络的成员较少时,其中某一成员是否加入对集体行动的成败会有很大的影响。同时,由于组织或社会网络的成员不多,大家对某个成员是否参加了某一行动心里都很清楚。如果一个成员没有参加该集体行动,那么,他就不能获得该组织或网络向那些积极参加组织活动的人提供的种种奖励,甚至会在该组织中被边缘化。

"组织结构原理"。该原理的核心思想是,一个组织如果很大,那就必须分层;就像国家一样从中央到省,从省到市再到县,一层层地分,到最后的家庭一级,成员数量就很有限了。这样,在每个基层组织中,成员就能相互监督,是否参加集体行动与个人利益也能较好地挂钩。这实际上是回到了前面的"小组织原理"。

"不平等原理"。简单地说就是,组织内部在权力、利益、贡献和分配上都不能搞平均主义。这样,一个人在组织中所获的权力和荣誉就有可能成为促使其为组织多做贡献的选择性激励机制。一个人如果能够独立为某组织取得某一公共物品提供一笔关键的资金并从中获取荣誉,那么,这个人就有可能独自为某一事业做出贡献。

小知识

维纳(1894~1964),美国数学家、哲学家、社会学家,控制论的创始人。他用吉布斯统计力学处理某些数学模型的思想目前仍处于控制论的中心地位。著有《控制论》等。

飞机引擎熄火引出的沟通行动论

哈贝马斯为将沟通行动理论与现实世界联系起来,确立了"商谈伦理学",在事实与规范之间建立一个法律与民主的商谈理论,以此更加有效地化解系统尤其是生活世界的张力与困惑,体现沟通行动理论的作用。

美国知名主持人林克莱特一天访问一名小朋友,问他:"你长大后想要做什么呀?"

小朋友天真地回答:"嗯,我要当飞行员!"

林克莱特接着问:"如果有一天,你的飞机飞到太平洋上空所有引擎都熄火了,你会怎么办?"

小朋友想了想:"我会先告诉坐在飞机上的人绑好安全带,然后,我挂上我的降落伞跳出去。"

当在现场的观众笑得东倒西歪时,林克莱特继续注视这孩子,想看他是不是自作聪明的家伙。

没想到,接着孩子的两行热泪夺眶而出,这才使得林克莱特发觉这孩子的悲悯之情远非笔墨所能形容。

于是林克莱特问他:"为什么要这么做?"

小孩的答案透露出一个孩子真挚的想法:"我要去拿燃料,我还要回来!"

这则故事太有意思了,道出了一个安全问题,又是一个沟通的问题。在社会安全学中,沟通行动论,有着非常重要的意义。

现代社会中,人类受到"科技理性"的极度控制,因此需要以人际间的"沟通理性"去替代"科技理性",在没有内外制约之下达至相互理解的沟通,并由此协调资源的运用,去满足各自的欲望,去疏解人类社会的矛盾和问题。

哈贝马斯认为,知识的产生根源于人类的三种旨趣(利益),相应也有三类知识,否认历史—解释知识、经验—分析知识和技术控制旨趣的统治地位,造成了资本主义社会的危机。为了克服动机危机和信任危机，批判理论必须重视互动过程和沟通过程，只有通过沟通行动才有可能把人类从被统治中解放出来。

在他看来，现代社会的理性化导致社会可以分为两个部分：一是系统，二是生活世界。哈氏认为，由于现代社会的日益发展，生活世界和系统内部的张力日益膨胀；而更重要的是，系统中的一些媒介因素如货币、权力等总是不断地渗入和侵略生活世界的信用和承诺，并以系统的形式复制它们。这样就是哈氏所谓的生活世界"内部殖民化"，这是现代社会的一个主要病症。如果一个系统无法产生足够的可交换资源，以满足其他系统的期待或需求，就会产生"危机"，即会产生经济危机、理性危机、合法性危机和动机危机。哈贝马斯为将沟通行动理论与现实世界联系起来，确立了"商谈伦理学"，在事实与规范之间建立一个法律与民主的商谈理论，以此更加有效地化解系统，尤其是生活世界的张力与困惑，体现沟通行动理论的作用。

沿着哈贝马斯的"思"与"路"，安全社会学同样需要考察系统和生活世界里及它们之间的安全问题。系统安全涉及货币、权力等产生和使用上的安全、稳定以及技术安全；生活世界的安全关涉安全规范、安全信用体系和安全共识问题。而且由于系统理性化的加速发展并对生活世界中人格、文化、社会领域的过度侵蚀和"殖民化"，科技理性的安全并不能完全保障人格安全、文化安全、社会公共安全（即便是系统中的经济安全、政治安全、技术安全也更容易引发不安全、不稳定的问题）。

由此，当代社会就出现了为保障人类社会安全稳定而兴起的环保主义、和平主义、民主化以及新宗教主义和反主流文化等社会运动。一方面既反对科技理性发展对环境安全的侵蚀；另一方面又要求在人类和平、民主发展、人权保障和社会稳定问题方面争取更多的安全权益。

小知识

大卫·李嘉图（1772~1823），英国产业革命高潮时期的资产阶级经济学家，他继承和发展了斯密经济理论中的精华，使古典政治经济学达到了最高峰，是英国资产阶级古典政治经济学的杰出代表和完成者，著有《政治经济学及赋税原理》等。

吃肉吃出的恩格尔定律

随着家庭和个人收入增加，收入中用于食品方面的支出比例将逐渐减小，这一定律由于是恩格尔发现的，所以被称为恩格尔定律，反映这一定律的系数被称为恩格尔系数。

李军小时候家里生活很贫穷，几个月见不到一块肉。有几年，就是过春节，也很少吃上肉，那时太穷了，他最大的愿望，就是在某一天能吃上肉，在过春节的时候能穿上件新衣服。可这些愿望在那时很难实现。

上小学二年级的时候，李军的叔叔结婚，那天，他起床就对妈妈说，今天不去上学了，在家喝喜酒。妈妈没说话，他知道妈妈默许了。

喜宴开始了，菜端上了桌，李军也不怕大人说了，急忙用筷子夹起一块肥肉就往嘴里送，油顺着他的小嘴就流了下来，顾不得擦嘴，上一块肉还没有进肚，下一块又夹起来了。可想而知，他本身就破破烂烂的衣服弄得全是油了，大人笑他，你的衣服洗洗能炒几顿菜呢！

过了好些天，妈妈想给他洗洗衣服，他都没让洗，因为在学校里，他能让同学闻闻衣服上的肉味，他自豪地跟同学说，那天他吃了好多大块肉。

说起吃肉，不仅让人想起古代的一则笑话。

以前有个地主的儿子喜欢吃肉，天天吃，月月吃，直到有一天吃得反了胃，再看见肉就难受，认为天底下最痛苦的事就是吃肉。有一天，有个乞丐饿得实在忍不住了，就偷了地主家一个萝卜，不幸被抓住了。家丁正在商量怎么处罚他，这时地主的儿子跑了过来，道："让我来处罚他，以后天天给他吃肉，看他还敢不敢再偷东西了！"

无论是故事还是笑话，都说明了一个问题，肉在某一特定时期反映了人们的生活水平。随着社会的发展，人们生活水平的提高，肉类已不再是生活中的奢侈品，并且人们的生活消费也从主要以食物消费为主，向文化、教育、娱乐等综合消费方向转变。

随着家庭和个人收入的增加，收入中用于食品方面的支出比例将逐渐减小，这一定律由于是恩格尔发现的，所以被称为恩格尔定律，反映这一定律的系数被称为恩格尔系数。

19世纪德国统计学家恩格尔根据统计资料，对消费结构的变化得出一个规律：一个家庭收入越少，家庭收入中（或总支出中）用来购买食物的支出所占的比例就越大;随着家庭收入的增加,家庭收入中(或总支出中)用来购买食物的支出则会下降。推而广之,一个国家越穷,每个国民的平均收入中(或平均支出中)用于购买食物的支出所占比例就越大,随着国家的富裕,这个比例呈下降趋势。

其公式表示为:

恩格尔系数(%)=食品支出总额/家庭或个人消费支出总额×100%。

恩格尔定律主要表述的是食品支出占总消费支出的比例随收入变化而变化的趋势,揭示了居民收入和食品支出之间的相互关系,用食品支出占消费总支出的比例来说明经济发展、收入增加对生活消费的影响程度。众所周知,吃是人类生存的第一需要,在收入水平较低时,其在消费支出中必然占有重要地位。随着收入的增加,在食物需求基本满足的情况下,消费的重心才会开始向穿、用等其他方面转移。因此,一个国家或家庭生活越贫困,恩格尔系数就越大;反之,生活越富裕,恩格尔系数就越小。

恩格尔定律是根据经验资料提出的,它是在假定其他一切变量都是常数的前提下才适用的,因此在考察食物支出在收入中所占比例的变动问题时,还应当考虑城市化程度、食品加工、饮食业和食物本身结构变化等因素,这些都会影响家庭的食物支出增加。只有达到相当高的平均食物消费水平时,收入的进一步增加才不对食物支出发生重要的影响。

小知识

门德尔(1822~1884),奥地利遗传学家、社会学家,现代遗传学之父,是重要生物学科的奠基人。1865年发现遗传定律,发现了生物遗传的基本规律,并得出了相应的数学关系式。人们分别称他的发现为"门德尔第一定律"和"门德尔第二定律",它们揭示了生物遗传奥秘的基本规律。

第四篇

流派学说

蜜蜂寓言的曼德维尔悖论

曼德维尔的一个重要观点是，私人恶德若经过老练政治家的妥善管理，可能被转变为公众的利益。这就是著名的"曼德维尔悖论"。

1720年，曼德维尔出版了一本书，书名叫做《蜜蜂的寓言，或私人的恶行，公共的利益》。

他把人类社会比喻为一个蜂巢："这些昆虫生活于斯，宛如人类，微缩地表演人类的一切行为。"在"这个蜜蜂的国度"里，每只蜜蜂都在近乎疯狂地追求自己的利益，虚荣、伪善、欺诈、享乐、忌妒、好色等恶德在每只蜜蜂身上表露无遗。令人惊异的是，当每只蜜蜂在疯狂追逐自己的利益时，整个蜂巢呈现出一派繁荣的景象。后来，邪恶的蜜蜂突然觉悟了，向天神要求让他们变得善良、正直、诚实起来。"主神终于愤怒地发出誓言：使那个抱怨的蜂巢全无欺诈。神实现了誓言……"接着，在整个蜜蜂的王国中，一镑贬值为一文，昔日繁忙的酒店渺无人迹，全国一片萧条景象。

这就是说，私欲的"恶之花"结出的是公共利益的善果。这就是著名的"曼德维尔悖论"。

长期以来，很多人以为，西方主流经济学的立论前提，与曼德维尔的理论是一脉相承的，或是依据了曼德维尔的理论才推论出来的，其实并非如此。按照新古典理论，社会上的人都是对社会有利无害的"蜜蜂"，他们千篇一律、千人一面、财产相等、地位相同、只知利己不知害人，所以按市场交换机制协调他们的利益和行为，可以使人们既自利又利人，最终达到经济的一片和谐和均衡。可是，曼德维尔虽然把社会比作蜂巢，但他却知道"蜜蜂"也有恶德、也有等级、也有差别，将人文明化，将众人组成一个社会，无论谁想这样做，都必须透彻地了解人的优势与弱点，都必须懂得如何将个人那些最大的弱点转变为服务于公众的长处。

曼德维尔并没有把市场交换看成是通向社会和谐和经济繁荣的唯一机制，在他看来，能够保护人民生命财产不受邪恶侵犯的，是法律的严肃和公平正义的认真实施，而不能指望人们都不愿意犯罪；能够防范窃贼、入室抢劫者和杀人犯的，是严厉的官员、坚固的牢狱、警惕的狱卒、刽子手及断头台。

曼德维尔对社会的这种描述，与新古典学派的描述截然相反，却更接近现实。就道德来说，交换允许人们在自利的基础上相互协调其行动，可是，由于人们的道德水平并不一致,有些人在交换中对自己的利益看得较轻,总是想方设法利用一切机会扩大自己的利益,压制别人的利益。另一些人则相反,总是把别人利益和自己利益看得一样重,甚至更重。在这种情况下,无第三方约束的交换关系中的自由竞争必然是对前一部分人有利,对后一部分人不利。因此,在人们的道德水平和偏好不一样的现实世界里,必须建立某种权威仲裁协调机制,给道德败坏者以惩罚,给道德崇高者以奖励,防止有些人利用交换机制损人利己,防止克己奉公的人在社会上没有立足之地。

曼德维尔的另一个重要观点是,私人恶德若经过老练政治家的妥善管理,可能被转变为公众的利益。在人类社会中亦如在大自然里一样,没有任何一种造物会完美到不会对某个社会造成伤害;同样,亦没有任何一种事物是彻头彻尾的邪恶。恶德亦可能对造物的某一部分有益。唯有以其他事物为参照,唯有根据评判时的角度和立场,人们才能判断出事物的善恶好坏。他写道:"我首先确定一条原则,即在一切社会(无论大小)当中,为善乃是每个成员的责任;美德应受鼓励,恶德应遭反对,法律当被遵守,违法当受惩罚。然后我要说:考察古代和现代的历史,并看一看世上发生过的事情,我们便会看到,人的本性自亚当堕落以来始终如一,其优点和弱点在世界各地一直皆显而易见,且并不因年代、气候和信仰不同而有别。我从未说过、亦从未幻想过,一个富强王国的人民不可能具备可怜的国度人民的美德。但我也承认:我认为,没有人的恶德,任何社会都不会成为这种富强的王国,即使成了富强的王国,亦不可能维持长久。"

在任何社会,人们都有自己的个人利益,人们都在追求自己的个人利益。人们对个人利益的追求,是社会进步和经济繁荣的重要动力基础之一。如果把追求个人利益的愿望也称为恶德的话,那么应当承认,曼德维尔的观点是有一定道理的。

小知识

詹姆士(1842～1910),美国哲学家和心理学家,心理学机能主义和哲学实用主义的先驱。名著《心理学原理》是美国心理学史上的一部划时代著作,提出了影响深远的机能主义概念。另著有《宗教经验种种》和《实用主义》。

越轨社会学下的偷渡者

越轨是指社会群体或个体偏离或违反社会规范的行为,人的社会化不完全或者人的社会化本身就接受一些越轨行为规范和价值的亚文化,那么这样的社会化过程本身就使人越轨。

一个墨西哥女人在10年前曾通过正当途径申请来美国,但是没有通过。所以她找了蛇头,准备偷渡。

因为墨西哥跟美国接壤,边境长,蛇头也各有独特的办法。

这位墨西哥女人是躺在棺材里装死人被运进美国的。

据说,那时真有一个出车祸的女人的尸体要运回美国,蛇头办好一切手续,还找人给这墨西哥女人化了死人妆,浑身涂满了某种物质,使她皮肤的色泽、手感、褶皱和温度都和死人一模一样。

更巧妙的是,因为棺材里不透气,她的鼻孔里还插了一根细管通往藏在她背后的氧气包,而她脸上的化妆完全盖住了细管,根本看不出来。

通过边境检查的时候,美国边境官要求开棺,墨西哥女人屏住呼吸,非常紧张。边检官伸手试了她的鼻孔,还掐了她的手臂,因为有一层厚厚的物质盖住,所以她能忍受,不过当时她心里想,可别掐脖子啊,不然,她一定会大叫着跳起来的。

在理论研究上,对于偷渡者的偷渡行为不适宜笼统地将之视为犯罪现象而采用犯罪学的理论进行分析,而应该根据具体情况将之视为越轨行为而纳入越轨社会学的视野之下。

越轨是人类学和社会学研究社会问题时共同关注的一个特殊视野。越轨是指社会群体或个体偏离或违反社会规范的行为。由于人的社会化的原因,以往的社会学家们总是从社会教化、个人内化这两方面出发,分析越轨原因。

默顿注意到人们有许多种追求成功人生的方式。他认为,有许多人并不赞同把不断追求物质享受当做人生的目标,也可能并不欣赏世俗追求财富的种种手段。比如说,在他的分类系统中,"创新者"指的是那些以物质财富作为目标,但是却采用非法手段,包括抢劫、窃盗以及勒索来取得财富的人。默顿用个人行为来解释犯罪——个人行为受到社会所认同的目标与手段所影响,但是,这个理论的应用可以更为广泛。这个理论也帮助解释了穷人为什么有较高犯罪率的问题,他们可能因为看不到人生路上的希望才铤而走险。

越轨社会学理论实际上最初导源于涂尔干"失范"概念,认为越轨者之所以越轨,是因为他们在社会中的特定位置使他们较少地接触社会的主导规范和价值,因而自由地形成他们自己的规范和价值。后来的代表人物则是美国社会学家贝克尔。他认为不同群体把不同的行为视为越轨,必定与感知而不是行动者动机相关联;越轨的核心事实是:创造越轨的不是个体行动的方式,而是社会给犯事者贴标签的标签理论似乎更能说明贝克尔的观点。安全社会学在关注社会公共安全、社会稳定方面时,同样要关注国家转型时期的问题,即旧制度废除、新制度尚未出台或者旧制度已经不能满足发展需要的情况下,社会成员的"失范"、越轨问题及给社会造成的不安定影响。

越轨社会学理论还从另一端即社会心理学和文化学的解析吸取营养。生理学、心理学认为,某些人的越轨原因在于越轨者天生就有与社会规范相冲突的潜质,天生就有犯罪的基因。因此,安全社会学又必须与安全心理学、生理学结合起来研究。

人的社会化不完全或者人的社会化本身就接受一些越轨行为规范和价值的亚文化,那么这样的社会化过程本身就使人越轨。安全社会学同样不能回避安全主体的社会化问题。安全社会学也同样要与安全文化学同步进行,需要研究安全问题发生的社会文化心理,包括习俗、非正式制度等的原因,以及某一安全问题发生后,对某一地区或某一时期社会习俗、规则的影响。

小知识

卡尔·门格尔(1840~1921),生于加利西亚(时为奥地利领土,现属波兰),是1870年代那场开启了新古典经济学序幕的"边际革命"的三大发起者之一,经济科学中的奥地利学派当之无愧的开山鼻祖。著有《国民经济学原理》、《关于社会科学、尤其是政治经济学方法的探讨》等。

小马过河支持孔德的实证主义

孔德的实证主义重视科学的研究和发现,他对科学的重视又与满足人们的需要联系在一起。

小马驮一袋面粉去集市,途中需经过一条河。小马来到河边,看着湍急的河水,有些犹豫。

于是它问正在河边的一条老牛水有多深,老牛告诉它水很浅,才没过膝盖。小马信以为真,而正当它准备涉水过河的时候,一只松鼠赶紧制止了它。

松鼠告诉小马说河水很深,前几天就有一个伙伴被淹死了。

小马不知该信谁的好,于是决定回家问妈妈。

回到家中,小马把在河边的经历跟妈妈讲了。马妈妈深情地对小马说:"孩子,河水有多深,你自己试一下不就知道了?"

小马依言,又来到河边。这回,它既不听老牛的怂恿,也不听松鼠的劝阻,而是小心翼翼涉水。结果,它发现河水既不像老牛说的那么浅,也不像松鼠说的那么深。

小马通过亲自过河,了解到了河水的深浅。这说明相信科学、注重实践的重要性。

作为试图区别并进而取代唯心主义和唯物主义等传统哲学的实证主义,是由19世纪中叶法国哲学家、社会学家奥古斯特·孔德创立并由其后继者不断发展起来的一种学说。

孔德认为:人类知识的每一门类,都连续经过了三个阶段,实证阶段则是人类智力发展的最高阶段。这个"三级定律"被孔德用来说明人类社会是不断发展、进步的,而科学的进步和发展,其过程也是如此。

孔德认为,实证科学是实证主义的根本基础,其在社会发展中的重要性是不言而喻。孔德对实证科学的认定规定了严格的构成要素,认为只有完全建立在事实之上,其确定性得到普遍承认,能够应用假说手段把与之相关的一切基础事实结合起来的才能被称之为实证科学。

由此可见,孔德的实证主义是以实证科学为其出发点的,对事实进行观察,把观察到的事实作为假说的根据,并以此来构建实证科学。他并认为,实证科学的事实必须通过合乎科学纪律的严格观察才能够被确定,通过对现象的观察,才可能发现事物诸现象之间经常、重复出现的规律。实证科学的任务就在于此。因此,作为"科学中的科学东西"的实证主义,也就需要对各种实证科学的研究对象、方法、规律进行比较和分析。孔德为此建构出一套"百科全书阶梯式"的方法,来对应各种科学研究现象的复杂程度,这就确立了由数学经天文学、物理学、化学、生物学最后至社会学的排序。社会现象的研究方法也就呈现出了纷繁多样的趋势,拓宽和深化了对社会现象研究的角度及精度。

实证精神为实证哲学之精粹,孔德的一生也正是一名实证精神践行者的一生,特别是他晚年倡导的人道教实践,更表现了他企图根据实证精神来改造社会的努力。

孔德的实证主义重视科学的研究和发现,他对科学的重视又与满足人们的需要联系在一起。他强调,科学的观察研究"离开人又总是为了更好地回到人的方面去",这纠正了那种认为科学的任务只在于发现规律,而忽视科学自身及发现科学的活动对人类所具有的积极意义那样的错误观念。

实证主义对社会道德、秩序、进步、和平、和谐这些理想的追求,亘古以来,一直也包含在人类对美好生活的追求之中。实证主义并不反对人们对物质利益的追求,它反对的是对物质利益的极端重视,这种极端重视不唯使人误解实证主义与它的联系,危害科学的前途,同时也使人"倾向于将实证思辨仅仅局限在有直接效用的研究上",这对我们今天开展科学研究是一个非常有远见的警示。

小知识

叔本华(1788~1860),19世纪德国哲学家、唯意志论的创始人。他的唯意志论和非理性主义伦理思想体系,对尼采的权力意志论产生了直接影响,并成为现代西方生命哲学、存在主义思潮的重要思想渊源。著作有《作为意志和表象的世界》《论自然意志》《伦理学的两个根本问题》等。

短箭里的反实证主义社会学

以个人行动的主观根源说明人的活动、社会关系、社会结构和社会发展。提出了从个人的、主观的动机或体验的认识中寻找认识社会的方法。

春秋战国时代，一位父亲和他的儿子出征打仗。父亲已做了将军，儿子还只是马前卒。又一阵号角吹响，战鼓雷鸣了，父亲庄严地托起一个箭囊，其中插着一支箭。

父亲郑重对儿子说："这是家袭宝箭，带在身边，力量无穷，但千万不可抽出来。"

那是一个极其精美的箭囊，厚牛皮打制，镶着幽幽泛光的铜边儿，再看露出的箭尾。一眼便能认定用上等的孔雀羽毛制作。儿子喜上眉梢，贪婪地推想箭杆、箭头的模样，耳旁仿佛嗖嗖地箭声掠过，敌方的主帅应声折马而毙。

果然，携带宝箭的儿子英勇非凡，所向披靡。当鸣金收兵的号角吹响时，儿子再也禁不住得胜的豪气，完全忘记了父亲的叮嘱，强烈的欲望驱使着他呼一声就拔出宝箭，试图看个究竟。骤然间他惊呆了。

一支断箭，箭囊里装着一支折断的箭。

我一直携着支断箭打仗呢！儿子吓出了一身冷汗，仿佛顷刻间失去支柱的房子，意志轰然坍塌了。

结果不言自明，儿子惨死于乱军之中。

拂开蒙蒙的硝烟，父亲拣起那柄断箭，沉重地哼一口道："不相信自己的意志，永远也做不成将军。"

作为文化和社会的人，人最可贵的就是有意志、精神。有了精神，人就有了主动性，有了主宰世界的可能。这种可能，成就了人与动物的区别。短箭的故事与反实证主义不谋而合，主要是强调了人在社会生活中主观能动性的作用。

反实证主义是与实证主义相对立的主观主义社会思潮。在自然科学迅速发展的推动下，关于人的生理和心理研究取得了长足进展，科学中的机械决定论模式为新发现所冲破，这在一定程度上助长了自然科学中的唯心主义倾向。一些社会学家抛弃了以整体观和进化观为内容的实证主义模式，试图以个人行动的主观根源说明人的活动、社会关系、社会结构和社会发展。它反对实证主义社会学从自然科学中寻找可以运用于人文科学和社会科学的方法，提出了从个人的、主观的动机或体验的认识中寻找认识社会的方法,从而形成了反实证主义的主观主义社会学思潮。其代表主要有新康德主义、法兰克福学派、现象学社会学、存在主义社会学、符号互动论和拟剧论等。他们均主张在自然科学和精神科学即人文科学之间做出区分。

  反实证主义社会学在方法论上具有以下几个特征:强调自然科学与社会科学的区别,反对把自然科学方法运用于社会科学;反对社会唯实论,主张社会唯名论,认为社会由个人组成,社会活动由个人行动所决定,个人行动由个人动机、行为规范和价值关系决定;认为社会学的研究方法应该着重于分析社会整体的因素,找出它的成分,说明整体与成分的关系;认为社会科学的主要方法是以描述性的历史方法说明社会现象,反对在社会科学中运用自然科学的概括性规律方法;认为考察主体的认识能力是主要的认识方法,而实证主义的所谓客观事实是由主体的认识能力产生的,社会科学知识是主观的和相对的。

  实证主义与反实证主义的社会学理论由于研究立场和视角点不同,两者概括的范围也不同,形成两种对立的理论。概括说来,实证主义偏重于主观经验现象的客观事实方面,具有自然主义倾向;反实证主义偏重于构成主观经验现象的内在因素方面,具有人文主义倾向。但两者均反对客观唯心主义的社会理论与马克思主义的历史唯物主义。

小知识

尼采(1844～1900),德国哲学家、诗人、作家。尼采的学说预示了西方社会进入了价值观念根本变化的时代,被誉为后现代主义哲学的开创者。著有《悲剧的诞生》、《季节的深思》、《查拉图斯特拉如是说》等。

流派学说

章鱼钻进了结构功能学说的瓶子

结构功能学说认为社会是具有一定结构或组织化手段的系统,社会的各组成部分以有序的方式相互关联,并对社会整体发挥着必要的功能。整体是以平衡的状态存在着,任何部分的变化都会趋于新的平衡。

一只章鱼的体重可以达70磅。但是,如此庞大的家伙,身体却非常柔软,柔软到几乎可以将自己塞进任何想去的地方。

章鱼没有脊椎,这使它可以穿过一个银币大小的洞。它们最喜欢做的事情,就是将自己的身体塞进海螺壳里躲起来,等到鱼虾走近,就咬断它们的头部,注入毒液,使其麻痹而死,然后美餐一顿。对于海洋中的其他生物来说,它可以称得上是最可怕的动物之一。

但是,人类却有办法制服它。渔民掌握了章鱼的天性,他们将小瓶子用绳子串在一起沉入海底。章鱼一看见小瓶子,都争先恐后地往里钻,不论瓶子有多么小、多么窄。

结果,这些在海洋里无往不胜的章鱼,成了瓶子里的囚徒,变成了渔民的猎物,变成人类餐桌上的美餐。

如果章鱼是人,那么瓶子就是社会。社会看似无形,却无处不在。这个故事证实了社会学一个学派的理论,那就是结构功能学说。结构功能学说是现代西方社会学中的一个理论流派。它认为社会是具有一定结构或组织化手段的系统,社会的各组成部分以有序的方式相互关联,并对社会整体发挥着必要的功能。整体是以平衡的状态存在着,任何部分的变化都会趋于新的平衡。

现代社会学中的结构功能主义是在以往的功能主义的思想基础上形成和发展起来的。

先说帕森斯的结构功能主义。帕森斯认为,社会系统是行动系统的4个子系统之一,社会系统为了保证自身的维持和存在,必须满足4种功能条件。适应:确保系统从环境中获得所需资源,并在系统内加以分配。目标达成:制定系统的目标和确定各目标的主次关系,并能调动资源和引导社会成员去实现目标。整合:使系统各部分协调为一个起作用的整体。潜在模式维系:维持社会共同价值观的基本模式,并使其在系统内保持制度化。在社会系统中,执行这4种功能的子系统分别为经济系统、政治系统、社会共同体系统和文化模式托管系统。帕森斯认为,社会系统是趋于均衡的,四种必要功能条件的满足可使系统保持稳定性。

再说默顿的经验功能主义。美国社会学家R.K.默顿发展了结构功能方法。默顿认为,在功能分析上,应该注意分析社会文化事项对个人、社会群体所造成的客观后果。他提出外显功能和潜在功能的概念,前者指那些有意造成并可认识到的后果,后者是那些并非有意造成和不被认识到的后果。进行功能分析时,应裁定所分析的对象系统的性质与界限,因为对某个系统具有某种功能的事项,对另一系统就可能不具有这样的功能。功能有正负之分,对群体的整合与内聚有贡献的是正功能,而推助群体破裂的则是负功能。默顿主张根据功能后果的正负净权衡来考察社会文化事项。

结构功能主义在1950年代美国的社会学中曾占主导地位。其代表人物还有K.戴维斯、M.J.利维、N.J.斯梅尔塞等社会学家。结构功能主义的研究涉及面很广,包括社会理论探讨、经验研究和历史研究,其学术观点涉及人类学与政治学等社会科学领域,并对现代化理论有很大影响。从1960年代中期开始,结构功能主义受到相当多的批评,其中有的直接针对它的功能逻辑前提,特别是对它采用唯意志论和目的论的解释方式,即把系统各组成部分存在的原因归之于对系统整体产生的有益后果,批评它只强调社会整合,忽视社会冲突,不能合理地解释社会变迁。

小知识

卡尔·马克思(1815～1883),德国哲学家、革命理论家、经济学家,马克思主义的创始人,《资本论》和《共产党宣言》的作者。

一个半朋友
证明了社会交换学说

　　社会交换,当代西方社会学理论流派之一。交换理论最初是针对结构功能主义提出的,在理论和方法上具有实证主义、自然主义和心理还原主义的倾向。

　　从前有一个仗义的广交天下豪杰的武夫,临终前对他的儿子说:"别看我自小在江湖闯荡,结交的人如过江之鲫,其实我这一生就交了一个半朋友。"

　　儿子纳闷不已。他的父亲就对他说:"你按我说的去见我的一个半朋友,朋友的要义你自然会懂得。"

　　儿子先去了父亲认定的"一个朋友"那里,对他说:"我是某某的儿子,现在正被朝廷追杀,情急之下投身你处,希望予以搭救!"这人一听,容不得思索,赶忙叫来自己的儿子,喝令儿子速将衣服换下,穿了这个并不相识的"朝廷要犯"身上,而让自己的儿子穿上"朝廷要犯"的衣服。

　　儿子明白了:在你生死攸关的时候,那个能与你肝胆相照,甚至不惜割舍自己的亲生骨肉来搭救你的人,可以称做你的一个朋友。

　　儿子又去了他父亲说的"半个朋友"那里,抱拳相求,把同样的话说了一遍。这"半个朋友"听了,对眼前这个求救的"朝廷要犯"说:"孩子,这等大事我可救不了你,我这里给你足够的盘缠,你远走高飞,快快逃命,我保证不会告发你。"

　　儿子明白了:在你患难时刻,那个能够明哲保身、不落井下石加害你的人,可称做你的半个朋友。

　　那个父亲的临终告诫,告诉人们一个道理:你可以广交朋友,也不妨对朋友用心善待,但绝不可以苛求朋友给你同样的回报。善待朋友是一件纯粹的快乐的事,如果苛求回报,快乐就大打折扣,而且失望也同时埋下了。毕竟你待他人好和他人待你好是两码事,就像给予和被给予是两码事一样。

　　我们在这则故事中清晰地看到人与人之间所进行的交换,这个交换不仅有物质的,还有精神和道德的。

150

社会交换,当代西方社会学理论流派之一。交换理论最初是针对结构功能主义提出的,在理论和方法上具有实证主义、自然主义和心理还原主义的倾向。它强调对人和人的心理动机的研究,批判那种只从宏观的社会制度和社会结构或抽象的社会角色上去研究社会的做法;在方法论上倡导个人是社会学研究的根本目标;认为人类的相互交往和社会联合是一种相互的交换过程。

社会交换论的基本研究范畴和概念包括价值、最优原则、投资、奖励、代价、公平和正义等。霍曼斯是交换理论的创始人,他提出了一组普遍性命题。成功命题:一个人的某种行为能得到相应的奖赏,他就会重复这一行动;某一行动获得奖赏愈多,重复活动的频率也随之增多;获得的奖赏愈快,重复活动的可能性就愈大。刺激命题:相同的刺激可能会带来相同或相似性行为。如某人过去在某种情况下的活动得到了奖赏或惩罚,而在出现相同的情况时,他就会重复或不再重复此种活动。价值命题:如果某种行为的后果对一个人越有价值,那么,他就越有可能去重复同样的行动。剥夺与满足命题:某人(或团体)重复获得相同奖赏的次数愈多,那么,这一奖赏对该人(或团体)的价值就愈小。攻击与赞同命题:该命题包括两方面——一是当个人的行动没有得到期待的奖赏或者受到了未曾预料到的惩罚时,就可能产生愤怒的情绪,从而出现攻击性行为;二是当个人的行动得到预期的奖赏,甚至超过期待值,或者没有遭到预期的惩罚时,他就会高兴,就会赞同这种行为。

布劳的交换理论是从社会结构的原则出发考察人与人之间的社会交换过程。他认为,社会交换关系存在于关系密切的群体或社区中,是建立在相互信任的基础之上的。社会交换是一种有限的活动,它指个人为了获取回报而又真正得到回报的自愿性活动。

继布劳之后,对交换理论作出重要贡献的还有埃默森等人。埃默森运用严密的数理模型和网络分析,阐述社会结构及其变化、社会交换的基本动因和制度化过程,在方法论上进一步充实了交换理论的理论体系。

小知识

西斯蒙第(1773~1842),法国政治经济学家,经济浪漫主义的奠基人。最早论述了资本主义生产过剩危机的必然性,这是他的科学功绩。著有《论商业财富》、《政治经济学新原理》、《政治经济学研究》等。

旅游带来的冲突学说

冲突学说强调社会生活中的冲突性并以此解释社会变迁。社会现实有两张面孔，一张是稳定、和谐与共识，另一张是变迁、冲突和强制。社会学不仅需要一种和谐的社会模型，同样需要一种冲突的社会模型。

一个人在森林中漫游时，突然遇见了一只饥饿的老虎，老虎大吼一声就扑了上来。他立刻用最快的速度逃开，但是老虎紧追不舍，直到被老虎逼到了断崖边。

他想："与其被老虎捉到，不如跳入悬崖，说不定还有一线生机。"

他纵身跳入悬崖，非常幸运地卡在一棵树上。那是长在断崖边的梅树，树上结满了梅子。

正在庆幸之时，他听到断崖深处传来巨大的吼声，他朝崖底望去，原来有一只凶猛的狮子正抬头看着他。

正在这时，又听见了一阵声音，仔细一看，两只老鼠正用力地咬着梅树的树干。

他先是一阵惊慌，立刻又放心了，他想："反正是死，随它去吧。"

情绪平复下来后，他看到梅子长得正好，就采了一些吃起来。他觉得一辈子从没吃过那么好吃的梅子，他找到一个三角形的枝丫休息，心想："既然迟早都要死，不如在死前好好睡上一觉吧！"于是靠在树上沉沉地睡去了。

睡醒之后，他发现黑白老鼠不见了，老虎和狮子也不见了。他顺着树枝，小心翼翼地攀上悬崖，终于脱离了险境。

原来就在他睡着的时候，饥饿的老虎按捺不住，终于大吼一声，跳下了悬崖。

黑白老鼠听到老虎的吼声，惊慌地逃走了。跳下悬崖的老虎与崖下的狮子展开激烈的打斗，双双负伤逃走了。

这则故事告诉我们，生物之间彼此充满了冲突，在冲突中，彼此互相依赖，互相协调，互相促进。社会中人与人、人与群体、群体与社会之间，也充满了各种冲突，正是这种冲突，促进了社会的发展和进步。

冲突学说是20世纪50年代中、后期形成的西方社会学流派。它强调社会生活中的冲突性并以此解释社会变迁。

以T.帕森斯为代表的结构功能主义学说，强调社会成员共同持有的价值取向对于维系社会整合、稳定社会秩序的作用，将冲突视作健康社会的"病态"，努力寻求消除冲突的机制。

科塞最早使用了"冲突理论"这一术语。他反对帕森斯认为冲突只具有破坏作用的片面观点，力图把结构功能分析方法和社会冲突分析模式结合起来，修正和补充帕森斯的理论。科塞从齐美尔"冲突是一种社会结合形式"的命题出发，广泛探讨社会冲突的功能。他认为，冲突具有正功能和负功能。在一定条件下，冲突具有保证社会连续性、减少对立两极产生的可能性、防止社会系统的僵化、增强社会组织的适应性和促进社会的整合等正功能。

而达伦多夫认为，社会现实有两张面孔，一张是稳定、和谐与共识，另一张是变迁、冲突和强制。社会学不仅需要一种和谐的社会模型，同样需要一种冲突的社会模型。他认为，社会组织不是寻求均衡的社会系统，而是强制性协调联合体。社会组织内部的各种不同位置具有不同量的权威和权力。

1975年，柯林斯的《冲突社会学：迈向一门说明性科学》一书出版，标志着冲突问题的研究进入了一个新的阶段。早期冲突论者只是对结构功能主义进行补充和修正，认为秩序理论和冲突理论同是有用的理论工具。柯林斯认为，社会冲突是社会生活的中心过程，仅仅提出一种补充性"冲突理论"不足以说明这一过程，必须建立一门以冲突为主题的社会学。柯林斯为冲突问题的研究打下了新的基础，标志着狭义上的"冲突理论"作为一个流派已经式微。

冲突理论产生后，在西方社会学界引起了巨大反响，它很快渗透到社会学各分支学科的经验研究中去，在政治社会学、组织社会学、种族关系、社会分层、集体行为、婚姻家庭等领域出现了大量以冲突概念为框架的论著，在当代社会学发展中有重大的影响。

小知识

费尔巴哈（1804～1872），德国唯物主义哲学家。他恢复了唯物主义的权威；肯定自然离开人的意识而独立存在，时间、空间是物质的存在形式，人能够认识客观世界；对宗教神学进行了有力的揭露和批判。著有《黑格尔哲学批判》、《基督教的本质》、《未来哲学原理》等。

爱情发现了方法论的女性主义

女性主义并不仅仅反映了一种政治或者意识形态取向，同时也代表了一种文化和学术思潮。通过对社会结构和文化中的性别不对称现象进行重新追问，女性主义意识到性别所蕴含的权力关系与知识的构成基础之间的内在关联。

隔桌看见她脸上泪痕未干，我笑道："干吗啊？有酒有闲，还弄得像旧社会受了主人非礼的小丫环似的。"

她依然哽咽着说："今天我年过三十，一人在酒吧庆祝生日。静静地反思已经过完的青春，忽然有三大发现：第一，女人原来也可以勾引男人，不用老是等着被勾引。"

她瞪我一眼接着说："书上都说，女人在爱情中要被动。在此错误路线指导下，我在恋爱中从来没主动过，一向是'姜太公钓鱼，愿者上钩'的姿态。可从15岁情窦初开就等，也没几个鱼儿上钩。这才想，不对啊，铁丝是直的，又垂在水面之上，又没有鱼饵，那鱼儿怎么能高高跃出水面？就算能，它又怎么会咬这条没有一点腥味的铁丝？除非它疯了！除非它想自杀！除非它不是鱼！你看在古代戏里，佳人见了才子，要么回头一望，眼波流转，嫣然一笑；要么在花园小径路过才子时，忽然掉了手中的锦帕，那才子自然要弯腰替她拣起来，她接过帕子往往是看他一眼，掩嘴一笑，然后翩然而去，留得那才子怔在原地害相思。这佳人哪里是被动？分明是勾引男人的高手啊！我连古人都不如啊！"

我笑着点点头，又问："这第二大发现呢？"她仰天叹道："原来男人爱一个女人是爱她的外表不是爱她的灵魂！"

"天！简直天真得无耻！我也曾问过爱我的男人：'你是不是爱我的漂亮？'他们都回答：'不，我爱你的美德和才气。'我恨死传统美德了，反复强调外表美不重要，害得我多年只顾追求内在美了，从来没照过镜子；稀里糊涂地过完了青春才发现：男人爱一个女人多是爱她的外表！他怎么能爱女人的灵魂？他又看不见她的灵魂！我这个做女人的都如此好色，又怎能指望男人好德？"

我翻起眼睛，往椅背上一靠："越是简单的真理越难明白！第三个发现呢？"

她接着说："活了30年才明白，爱情不是永恒的。爱情是火，同时点燃了两个

爱情发现了方法论的女性主义

人,人又不是油库,烧个半年六个月也差不多精疲力竭了,怎么能永远烧下去?"

故事中,未嫁女人的爱情三大发现,如同三声响雷,吹响女性主义的批判号角。女性主义并不仅仅反映了一种政治或者意识形态取向,同时也代表了一种文化和学术思潮。通过对社会结构和文化中的性别不对称现象进行重新追问,女性主义意识到性别所蕴含的权力关系与知识的构成基础之间的内在关联。

方法论的女性主义首先是女性主义的,因此,其标志性的特征是强调性别的核心作用,相信社会制度、组织和文化的构成中都具有无法回避的性别倾向,甚至知识的构成和功用也是性别化的。想要了解社会运行的方式、人际关系以及知识的内涵,都必须分析性别在其中发挥的潜在作用。因此,运用基于社会性别范畴的性别分析方法,是女性主义方法论的基本原则或工具。

对性别的强调还基于这样的判断,即在已有的文化和知识体系中,性别因素被消隐在众多主导性的官方议题当中,尤其是女性和相关议题被长期贬为边缘或无形化,或者强制性地以男性中心主义的假设和偏见推而广之形成解释,因而造成女性经验和主题的忽略以及结论的扭曲。

批判当然不是最终的目标,对反身性和知识的情境化的强调构成了方法论的女性主义最有建树性的一部分。女性主义认定官方的所谓普遍知识其实是代表男性霸权和利益的知识,他们倡导从女性自身的日常生活经验入手,认为从女性作为社会和文化中的"他者"所持有的立场和情境出发,来建构这个世界的知识,应该更少偏见、更加有效。

小知识

皮埃尔·约瑟夫·普鲁东(1809~1865),法国互惠共生论经济哲学家,也是第一位自称无政府主义者。其名句有:"财产是盗窃!"著有《什么是财产》。

高墙倒塌蕴含的安全社会学

安全社会学即是将安全问题与社会学知识结合起来,把安全看做一种社会过程,研究安全问题的社会原因、社会过程、社会效应及其本质规律。探讨个人—社会关系中的安全行动、安全理性、安全结构、安全系统。

有个老太太坐在马路边望着不远处的一堵高墙,总觉得它马上就会倒塌,见有人走过去,她就善意地提醒道:"那堵墙要倒了,远着点走吧。"

被提醒的人不解地看着她大模大样地顺着墙根走过去了——那堵墙没有倒。

老太太很生气:"怎么不听我的话呢?!"又有人走来,老太太又予以劝告。

三天过去了,许多人在墙边走过去,并没有遇上危险。

第四天,老太太感到有些奇怪,又有些失望,不由自主便走到墙根下仔细观看,然而就在此时,墙便倒了,老太太被掩埋在灰尘砖石中,气绝身亡。

这个故事关乎安全社会学的问题。从"沃特斯社会学视角"来看"行动—理性—结构—系统",这四个方面的安全问题,构成了安全社会学。

安全社会学即是将安全问题与社会学知识结合起来,把安全看做一种社会过程,研究安全问题的社会原因、社会过程、社会效应及其本质规律。无论古典社会学还是现代社会学,无论社会学结构主义还是社会学建构主义,都长期在探讨个人—社会关系中的行动、理性、结构、系统四个方面,因此,安全社会学同样需要研究安全行动、安全理性、安全结构、安全系统。

行动——安全行动。行动与行为是不同的,行动是社会安排中的意义和动机的外在表现,与一套意义、理由或意图相关的行为过程被称为行动。行动是主动性的,行为是被动机械的。安全是主体——人行动的安全。在生产中,主体——人的安全是本质安全之一(另外包括机器、环境)。安全行动伴随着主体——人的一生。

安全行动也是主体安全的社会化过程,即由对安全一无所知的生物人逐步接受安全理念、安全知识教育,不断地适应社会需要、社会化为"安全人"的行动过程。从互动论角度看,安全也是一种人与人(或人群与人群)之间的一种社会互动,进而形成一些安全行动组织或群体、安全制度。

理性——安全理性。社会学考察的理性和经济学考察的理性大同小异:个人利益的最大化。安全同样具有理性,安全行动即是理性的行动,在保障人的生命安全、财产安全和环境安全方面以及日常的生产安全、社会公共安全和国家层面的安全(国家理性中的安全)都含有工具合理性的行动。人类天生就有一种安全的理性需求,人类总是算计行动在什么条件下会求得最大安全、最安全可靠。安全行动同样产生效用,同样会产生安全需求的弹性。

结构——安全结构。结构是决定经验的隐秘模式,被当做潜藏于外在表象之下的决定因素。本我意义上的安全即最原始、本原和无意识的成分,体现为具有生物基础的冲动、需要和驱力,也就是本体性安全。本体性安全可以通过与他人际遇的例行化,以及实践的或者库存的知识对行为的成功解释,以及伴随话语意识而来的理性化能力而得到。理性化使行为具有可预见性,而且由此可以产生本体性安全感。

系统——安全系统。系统表现为一种统领性的秩序功能,社会如何以一种凝聚的、内部整合的方式维持存在。安全稳定问题因此更依赖于人与人或人群与人群之间的相互作用、相互依存关系,更在于发展的安全机制的建立和安全系统的创建;安全的行动系统同样包含安全的人格系统、安全的社会系统、安全的文化系统以及安全行为有机系统。安全主体的行动也需要考虑安全动机并要适应情景;安全主体之间也存在一套固定的相互安全期待;主体之间也有一套共享的意义和安全标准、规则。

小知识

马丁·莱尔(1918~1984),英国天文学家。综合孔径射电望远镜的诞生开创了射电天文学的新纪元。因这一重大贡献,他荣获1974年诺贝尔物理学奖。

有其父必有其子的社会达尔文主义

个人、人种、社会组织和社会制度,都在接受现实的考验,最有适应力、能战胜别人的强者活下来,弱者被淘汰;一代一代这样子"优胜劣汰",就是人类和社会的进步。这就是社会达尔文主义。

有一个人心高气傲从不肯让人。一天,他走在街上,对面走来一人没给他让路。他当然也不肯让,于是两个人就这样面对面地僵持着。过了很久,这人的父亲来找他,着急地问他:"你怎么在这儿站着,家里人等你买米回去做饭呢!"

"我不能走,这个人不给我让路!"

"那你去买米,我替你在这儿站着,看最后谁给谁让路!"

俗话说,有其父必有其子。有什么样的父亲一定会有什么样的儿子。这话有一定的道理,我们在遗传学和达尔文的进化论里就能够看出这句话的依据。

社会学在19世纪初在欧洲兴起,受启蒙运动、科学革命后自然科学所取得的成就的影响很大。自然科学的实证主义成为社会科学、人文科学发展的一个主力和主流,产生了巨大影响。

后来有人把达尔文的"适者生存"生物界进化论直接引进社会学,认为社会就如大自然的环境,人与人就如一切生物,在艰苦的现实中残酷竞争,求生存;个人、人种、社会组织和社会制度,都在接受现实的考验,最有适应力、能战胜别人的强者活下来,弱者被淘汰;一代一代这样"优胜劣汰",就是人类和社会的进步。这就是社会达尔文主义。

社会达尔文主义的一个发展方向是自由放任资本主义,和极右法西斯军国主义。德国19世纪初至20世纪中的百多年中,日本19世纪中至20世纪中的百年中,社会思潮和文化哲学的主流契合了社会达尔文主义。

德国和日本的极右法西斯西军国主义,沿着实证主义的信念和理念,相信自己掌握人类社会发展和世界事物的客观性和客观规律,发展成种族主义,相信这是德意志民族和大和民族的天生优越性,可以操控客观性和客观规律的整个系统和体系,按德意志民族和大和民族的需要和标准改变世界现状,这是"顺天应人",符合历史的客观性和客观规律,异议者和反对者是跟不上时代,认识不足、螳臂挡车;客观性和客观规律不以个人意志为转移,可以通过战争,实现理想,"替天行道"。

在达尔文的母邦英国为何没有产生德、日思潮呢?

社会达尔文主义标榜的进化论、进步性和优越性,为德国和日本的极右法西斯军国主义提供了百年的理论基础和指导思想。达尔文是英国人,但英国并没有产生德国和日本那种社会达尔文主义、极右法西斯军国主义和种族主义。

英国文化哲学和思想有以下特性:由经验主义、功利主义和怀疑主义组成,相对多元开放自由;不轻易相信终极、绝对的形而上本体性/主体性/人性,不轻易相信眼前或历史的客观性和客观规律,信也是暂时的、有条件的,一边信一边设法否定;以实体性的个体为单位,直接接触现实和大自然,观察和鉴别,公开公正讨论,知识和利益无禁区;知识和利益的正面和负面共存、并行和互动,观点和立场的正面和负面共存、并行和互动,知识、事理和道德不定于一尊,无先天先验的绝对、神圣,一切以法治调节秩序。

日本现代化初期学英国,后来转向学德国。日本和德国把英国人的达尔文主义无限扩大,没有传承英国文化哲学和思想中的个体主义为基础的多元自由开放和法治精神。日本和德国把启蒙运动、科学革命后的实证主义,结合传统的终极、绝对、神圣的单元本体性,造成近代史上日本人和德国人的人间悲剧。

小知识

黑格尔(1770～1831),德国哲学家,建立起令人叹为观止的客观唯心主义体系,主要讲述绝对精神自我发展的三个阶段:逻辑学、自然哲学、精神哲学。在论述每一个概念、事物和整个体系的发展中自始至终都贯彻了这种辩证法的原则。这是人类思想史上最惊人的大胆思考之一。著有《精神现象学》、《逻辑学》、《哲学全书》、《法哲学原理》、《哲学史讲演录》、《历史哲学》和《美学》等。

帮助乌龟帮出的社会学干预法

通过积极的社会学干预，拨开覆盖在社会关系上面的支配和习俗，借助于设法重建行动者所处的社会情景和社会关系，向行动者及研究者展示这些关系的本相和实质，这就是社会学干预的意义所在。

格洛丽亚·斯坦姆，是女权主义运动的一位领导者兼作家。学生时代，在一次地理考察中，她上了人生中重要的一课。

在史密斯大学演讲时，斯坦姆和听众分享了如下经历：

"在考察中，在蜿蜒的康涅狄格河畔，我发现了一只巨大的乌龟，它趴在一段护堤上。它显然是从河里爬出来的，经过一段土路才到了现在这个地方。它还在继续前进，随时有被汽车轧死的危险。

"同是地球上的生物，我觉得帮助它是责无旁贷的。于是我走上前，连拉带拽，最后总算把这只大乌龟从路障上带回岸边。这期间，它不断愤怒地想咬我一口。

"当我正要把乌龟放回河里时，地理学教授走了过来，并对我说：'你知道，为了在路边的泥里产卵，那只乌龟可能花了一个月的时间才爬上公路，结果你要把它放回河里！'

"唉，我当时懊恼极了。不过，在后来的岁月里，我发现那次经历是我人生中生动的一课。它时刻提醒我不要犯主观臆断的错误。不管你是激进的还是保守的，在做事关'乌龟'的决断时，都不要忘记先听听乌龟自己的意见。"

教授对乌龟的干预，就像权力对市场的干预一样，起到了非常大的作用。同样，社会学对社会生活的干预，也有着非常重大的意义。

在社会框架稳定的时期，社会学家努力发掘的多是"结构"对"行动"的支配和制约作用：看到貌似自由的行动背后，存在着隐秘的、深层的结构支配机制，发现制度和规范如何经由各种途径而被"内化"为人的行为动机。"制度是如何思维的"已将这条思路的基本特点一语道尽。但是，至少在两种情况下，社会学会转而强调"行动"的作用：第一，即使在社会框架基本稳定时期，当频频出现社会运动时，社会学会强调"行动"的作用；第二，在社会转型期，人们力求改变基本的社会结构，而制度安排也不可能像在稳定时期那样规范人们的行为，提供基本社会生活秩序。这时，社会学更多地看到的是"行动"的意义和作用。

社会学家不再是社会生活之外的旁观者，而是社会运动的积极参与者。只有通过能动的干预手段，介入社会生活，社会学家才能形成关于行动者本身的真切知识。图海纳认定：社会学研究社会行动者之间的关系，但是，这些关系并非轻易可见，它们确实被秩序和支配掩饰起来。社会学的主要问题，就是使这些关系浮出水面，从而不再受到各种社会惯例范畴的摆弄。这就预设了社会学家的积极干预。通过积极的社会学干预，拨开覆盖在社会关系上面的支配和习俗，借助于设法重建行动者所处的社会情景和社会关系，向行动者及研究者展示这些关系的本相和实质，这就是社会学干预的意义所在。

一般把社会学干预法分为"强干预"与"弱干预"两种。在社会自组织机制得到较为充分发育和显现的地方，一般运用"弱干预"手段，面对"弱社会"即社会自组织机制难以在短期内自动修复的条件下，"强干预"手段就是必要的。设计带有相当针对性的项目，将之嵌入到行动者自身的生活世界之内（而不是剥离行动者与其生活世界的关系），通过持续的干预活动促成其变化，就是"强干预"的意义。所以，"强社会，弱干预；弱社会，强干预"，是社会转型条件下运用社会学干预方法的一个基本原则。

小知识

亚当·斯密（1723～1790），英国经济学家。他揭示了资本主义经营管理的中心问题和剥削本质，被尊称"现代经济学之父"和"自由企业的守护神"。著有《国富论》、《道德情操论》等。

借锤子借出的社会学的社会学

布迪厄对社会学的反思性的"单向度"理解实现了超越——其反思性具有学术的、道德的和政治的三重向度。反思是对社会科学的学术前景和理性的政治前景的"双重忧虑"。

有一个人想挂一张画。他有钉子,但没有锤子。邻居有锤子。于是他决定到邻居那儿去借锤子。

就在这时候他开始了反思:要是邻居不愿意把锤子借我,那怎么办?昨天他对我只是漫不经心地打招呼,也许他匆匆忙忙,也许这种匆忙是他装出来的,其实他内心对我是非常不满的。什么事不满呢?我又没有做对不起他的事,是他自己在多心罢了。要是有人向我借工具,我立刻就借给他。而他为什么会不借呢?怎么能拒绝帮别人这么点儿忙呢?而他还自以为我依赖他,仅仅因为他有一把锤子!我受够了。

于是他迅速跑过去,按响门铃。邻居开门了,还没来得及说声"早安",这个人就冲着他喊道:"留着你的锤子给自己用吧,你这个恶棍!"

人们总是对自己的行为进行反思,并在反思寻找到新行为的指导方针。借锤子的人如此,作为科学的社会学亦如此,其目的在于对社会学的发生、发展进行反思,进而寻找到社会学正确的发展方向。

针对社会学(乃至社会科学)的混乱——唯智主义偏见和学究谬误、各式各样的二元对立、在各种政治倾向下左右摇摆的"学术人",以及知识分子(以社会学家为代表)对这些混乱麻木不仁、无动于衷,布迪厄提出了以社会学和社会学家本身为研究对象的"社会学的社会学"。

社会学诞生不久就出现了三路"路神"并存的局面——"实证"、"理解"和"批判"三种路径并行,长期以来,人们多关注前两种范式的差异,准确讲是"对立"——社会先在与个人先在的对立、结构与行动的对立、方法论的整体主义和个体主义的对立,等等。这些对立在布迪厄看来都是"虚假的对立"。二者的对立不是根本性

借锤子借出的社会学的社会学

的,而是在追求客观性这一目标时体现出的方法论上的差异。

在布迪厄看来,如果说唯智主义偏见和学究谬误仅仅是一种学术无意识的话,那各种二元对立还不仅如此,在其背后还隐藏着很强的政治意蕴,尤其在当代。常人方法学等后继学说,无数次地摧毁二元对立的思维之网,但为什么这种思维却又无数次的重新修复,死灰复燃,一些学者又纷纷跌入"客观性的陷阱"之中。这种二元对立思维之网的修复机制到底是什么呢?布迪厄指出社会学的任务就在于揭示社会隐藏的各种深层结构以及使这些结构得以存在和再生产的条件、机制。布迪厄认为,在二元对立思维这张"有形之网"背后还隐藏着一张"无形之网"——利益动机和政治取向。只有超越这种无形之网才能做到真正意义上的反思,社会学乃至社会科学才可能获得自主性。

布迪厄"社会学的社会学"不是把反思性作为目的而是将其当作实现学术场域自主性的前提性条件。然而"社会科学面临的特殊困惑在于自主性愈益增大并不同时意味着政治中立性也随之增大。社会学越是科学,它就越是与政治相关,即使它只是一种抵御性工具,亦即充当一种屏障,抵御着那些时刻阻止我们成为真正意义上的政治行动者的各种形式的神秘化和符号支配。"布迪厄社会学的反思性具有学术的、道德的和政治的三重向度。其反思是对社会科学的学术前景和理性的政治前景的"双重忧虑"。

在他看来,社会科学应该担负起时代所赋予的文化使命,理性应该在人类事务中发挥更大作用,进而推进人类的"自由"。布迪厄为社会学乃至社会科学勾画出的这一"理想图景"也正是后继者努力的方向。

小知识

休谟(1711~1776),18世纪英国哲学家、历史学家、经济学家。他的哲学是近代欧洲哲学史上第一个不可知论的哲学体系。著有《人性论》、《道德和政治论说文集》、《人类理解研究》、《道德原理探究》、《宗教的自然史》、《自然宗教对话录》、《自凯撒入侵至1688年革命的英国史》(6卷)等。

买柿子引发的"文明冲突论"

民族国家虽然仍是世界事务中最有力量的行动者,但全球政治的主要冲突将发生在跨越国家疆界、信仰不同宗教、分属于不同文化的民族和族群之间,文明冲突将成为未来的主要战场。

美国的一个摄制组,想拍一部反映中国农民生活的纪录片。于是他们来到中国某地农村,找到一位柿农,说要买他1 000个柿子,请他把这些柿子从树上摘下来,并演示一下贮存的过程,谈好的价钱是1 000个柿子给160元人民币,折合20美元。

这位柿农很高兴地同意了。于是他找来一个帮手,一人爬到柿子树上,用绑有弯钩的长杆,看准长得好的柿子用劲一拧,柿子就掉了下来。下面的人就从草丛里把柿子找了出来,捡到一个竹筐里。柿子不断地掉下来,滚得到处都是。下面的人则手脚飞快地把它们不断地捡到竹筐里,同时还不忘高声大嗓地和树上的人拉着家常。在一边的美国人觉得这很有趣,自然全都拍了下来。接着又拍了他们贮存柿子的过程。

美国人付了钱就准备离开,那位收了钱的柿农却一把拉住他们说:"你们怎么不把买的柿子带走呢?"美国人说不好带,也不需要带,他们买这些柿子的目的已经达到了,这些柿子还是请他自己留着。

天底下哪有这样便宜的事情呢?那位柿农心里想。于是他很生气地说:"我的柿子很棒呢,质量好得很,你们没理由瞧不起它们。"美国人耸耸肩,摊开双手笑了。他们就让翻译耐心地跟他解释,说他们丝毫没有瞧不起他这些柿子的意思。

翻译解释了半天,柿农才似懂非懂地点点头,同意让他们走。但他却在背后摇摇头感叹说:"没想到世界上还有这样的傻瓜!"

那位柿农不知道,他的1 000个柿子虽然原地没动地就卖了20美元,但那几位美国人拍的他们采摘和贮存柿子的纪录片,拿到美国去却可以卖更多更多的钱。

那位柿农不知道,在那几个美国人眼里,他的那些柿子并不值钱,值钱的是他们的那种独特有趣的采摘、贮存柿子的生产、生活方式。

那位柿农不知道,一个柿子在市场上只能卖一次,但如果将柿子制成"信息产品",一个柿子就可以卖一千次一万次甚至千万次。

那位柿农很地道,很质朴,很可爱,但他在似懂非懂的情况下就断定别人是傻瓜,他的可爱也就大打折扣了。

这是两种文明冲突,这种文明的冲突,正在促使文明的沟通和融合。

文明冲突论强调,人类的重大分野和冲突主要源于文化或文明;民族国家虽然仍是世界事务中最有力量的行动者,但全球政治的主要冲突将发生在跨越国家疆界、信仰不同宗教、分属于不同文化的民族和族群之间,文明冲突将成为未来的主要战场。因而"文明冲突论"也正在演变成一种"自我实现的预言"。

所谓"自我实现的预言"是社会学家在揭示人类社会活动的建构特征时使用的一个概念,意思是说一个本来属于不实的期望、信念或预测,由于它使人们按所想象的情境去行动,结果是最初并非真实的预言竟然应验了,变成了真实的后果。

"文明冲突论"刻意强调文明、族裔认同意识在未来事变中将起到重要媒介作用,甚至会扮演推波助澜的角色,在全球化脉络下,凸显宗教信仰、文化传统所导致的称霸与反霸冲突将日益尖锐化,自有其不容忽视的警世意义。

经济全球化的发展一方面带来了一种新的世界主义理想即将实现的错觉,另一方面也导致了一种反全球化趋势,这是一种针对全球化的逆反心态,被称为"排他性"的反叛情绪,即重新强调种族和社群的认同感和合法权利的"身份政治"、"承认政治"和"多元文化主义"。

自由是一种在特定的历史、文化和种族环境下的权利,而不是一种普遍的权利。所以自由在不同的民族中有不同的定义,有时文明冲突恰恰是一种不同自由观的冲突。

小知识

魁奈(1694～1774),法国资产阶级古典经济学家,重农主义学派的创始人和领袖。提出"纯产品学说",并以此为基础,研究了社会总资本的再生产与流通。著有《租地农场主论》、《谷物论》、《人口论》、《赋税论》、《经济表》等。

从侯渊放虎归山看科尔曼的理性选择理论

理性选择理论包括行动系统、行动结构、行动权利以及社会最优等四组基本概念。理性选择理论能够从微观分析上升到宏观分析,这集中体现在对法人行动分析之中。

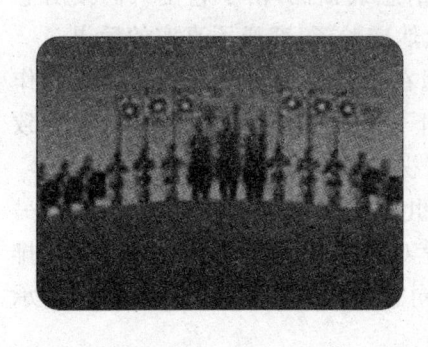

《魏书·侯渊传》载,北魏大都督侯渊,率领七百骑兵,袭击拥兵数万的葛荣部将韩楼。他孤军深入敌方腹地,带着一股锐气,在距韩楼大本营一百多里地之处,将韩楼的一支五千余人的部队一下子就打垮了,还抓了许多俘虏。侯渊没有将俘虏当"包袱"背,而是将他们放了,还把缴获的马上口粮等东西都发还给他们。侯渊的部将都劝他不要放虎归山,以免增加敌人的实力。侯渊向身边的将士们解释道:"我军仅有七百骑,兵力十分单薄,敌众我寡,无论如何不能和对方拼实力、拼消耗。我将俘虏放归,用的是离间计,使韩楼对他们疑心,举棋不定,这样我军便能趁机攻克敌城。"将士们听了这番话,才恍然大悟。

侯渊估计那批释放的俘虏快回到韩楼占领的蓟城了,便率领骑兵连夜跟进,拂晓前就去攻城。韩楼接纳曾被俘过的这批部下时,就有些不放心,当侯渊紧接着就来攻城时,便怀疑这些放回来的士兵是给侯渊当内应的。他由疑而惧,由惧而逃,弃城而去没多远,就被侯渊的骑兵部队追上去活捉了。

在这则故事里,侯渊在知彼知己的情况下,进行了理性的选择,这种选择,表面上看是他自己的选择,其实也是一种社会的选择。

科尔曼认为,社会学的任务就是解释社会行动系统,即解释社会现象、分析社会事实,而不只是解释个体心理活动。但是,要想解释社会现象就要借助于对个体行动的解释,即通过对个体行动的分析去说明"处于宏观水平下的个人行动以及这些行动是怎样构成宏观社会现象的"。为此,科尔曼说道:"如果社会理论的目标是解释以个人为基础的社会组织活动,理解个人行动便意味着寻找其隐藏在行动内部的各种动机。所以,解释社会组织活动时,必须从行动者的角度来理解他们的行

从侯渊放虎归山看科尔曼的理性选择理论

动。换句话说,局外人认为行动者的行为不够合理或非理性,并不反映行动者的本意。用行动者的眼光衡量,他们的行动是合理的。"

理性选择理论包括行动系统、行动结构、行动权利以及社会最优等四组基本概念。人们的理性行动总是在一定规范指导下的行动,因此,理性选择理论应当对社会规范展开彻底的反思性、批判性研究。理性选择理论不仅要分析个别行动者的行动,它也要能够从微观分析上升到宏观分析,这集中体现在对法人行动分析之中。

法人的出现使得现代社会产生以下两个问题:首先,如果一个行动者"既是自然人又是法人和代理人,他将有意无意地变换角色,以最大限度地控制资源谋取利益,这样就会增加有效规范制定与实施的难度。"其次,个人选择与社会选择矛盾问题。个人选择是行动者为了追求自身利益、利用可能获得的资源在一定规范下的私人行为。而法人行动必须依赖于社会规则或规范,也是一种集体行为的博弈过程,与其主体成员的构成、社会关系的结构、可供选择的方式等密切相关。因此,法人仅仅代表了特殊群体的特殊利益。

在现代社会中,社会的发展使个体行动者之间的互动越来越少,而法人行动者之间的互动越来越多,尽管法人行动者也难以真正达到最优,但它在个人竞争的残酷和集体行动的搭便车难题之间,找到一种协调个人利益和集体利益的理性选择。

小知识

卢梭(1712~1778),法国著名启蒙思想家、哲学家、教育家、文学家,是18世纪法国大革命的思想先驱,启蒙运动最卓越的代表人物之一。著有《论人类不平等的起源和基础》、《社会契约论》、《爱弥儿》、《忏悔录》等。

乞巧话民俗

民俗学方法论就是对一定社区的社会成员在社会互动中所遵循规则的社会学研究。民俗学方法论的最大特点是反对社会学的主流思想,特别是实证主义学派。

七夕节始终和牛郎织女的传说相连,这是一则很美丽、千古流传的爱情故事,成为我国四大民间爱情传说之一。

相传在很早以前,牛郎独自一人进山放牛。一天,天上的织女和诸仙女一起下凡游戏,在河里洗澡,牛郎在老牛的帮助下认识了织女,二人互生情意,后来织女便偷偷下凡,来到人间,做了牛郎的妻子。织女还把从天上带来的天蚕分给大家,并教大家养蚕、抽丝、织出又光又亮的绸缎。

牛郎和织女结婚后,男耕女织,情深意重,他们生了一男一女两个孩子,一家人生活得很幸福。这事很快便让天帝知道,王母娘娘亲自下凡,强行把织女带回天上,恩爱夫妻被拆散。

牛郎拉着自己的儿女,一起腾云驾雾上天去追织女,王母娘娘拔下头上的金簪一挥,一道波涛汹涌的天河就出现了,牛郎和织女被隔在两岸,只能相对哭泣流泪。他们的忠贞爱情感动了喜鹊,千万只喜鹊飞来,搭成鹊桥,让牛郎织女走上鹊桥相会,王母娘娘对此也无奈,只好允许两人在每年七月七日于鹊桥相会。

后来,每到农历七月初七,相传牛郎织女鹊桥相会的日子,姑娘们就会来到花前月下,抬头仰望星空,寻找银河两边的牛郎星和织女星,希望能看到他们一年一度的相会,乞求上天能让自己能像织女那样心灵手巧,祈祷自己能有如意称心的美满婚姻,由此形成了七夕节,又叫乞巧节。

这是一则优美的民间传说,反应了汉民族特有的民俗文化。对这种民俗文化的研究,就产生相应的民俗学以及相应的方法论。

民俗学方法论就是对一定社区的社会成员在社会互动中所遵循规则的社会学研究。又称民族学方法论、本土方法论。20世纪60年代发展起来的微观社会学学派之一,创始人为美国社会学家 H. 加芬克尔。民俗学方法论的英文词头"ethno"在希腊文中意为国家、人民、部落、种族。H. 加芬克尔认为,社会是具体的而不是抽象的,社会仅仅在它的成员觉察到它存在时才存在,因此,必须对社会成员在建构和解释他们所处的社会时所使用的方法进行详细考察。在现实生活中,社会成员依据一定的规则和程序来组织社会活动,并使活动具有共同的意义。这套规则和程序就称为民俗方法,也有人称它为本土方法或民族方法。由于强调社会成员对社会现实的主观解释,民俗学方法论常常被视为一种现象学研究。民俗学方法论的研究对象是个人,它运用极为精细的实证方法,着重分析人们行为的微观方面,力图发现和描述人们在日常生活中做出行为、响应行为和改变行为的规则。在他们看来,这些不成文的、公认的行为规则是一切社会生活的基础。

民俗学方法论的最大特点是反对社会学的主流思想,特别是实证主义学派。对于民俗学方法论者来说,传统社会学的概念、技术和统计歪曲了社会现实的真实本质。与现象学社会学不同,民俗学方法论并不试图概括出普遍规律,而只注意对日常生活的语言及行为意义的经验研究,尤其是对行为者实际动作的观察分析。加芬克尔等人发展了一套独特的研究技巧,如追踪访问、亲身观察、文件解释和"破坏试验"法。后者是故意干扰和打破人们通常的行为方式,以观察人们的反应。通过这些方法来揭示社会互动中隐含的行为规则,对社会成员的日常生活做出描述与阐释。这些研究技巧对社会学调查方法的精细化起了一定的作用。

民俗学方法论强调个人间的微观互动过程,强调对行为者主观意图的理解,并把这种原则应用于经验研究,从而在方法论上发展和充实了 M.韦伯的理解的社会学。

小知识

布阿吉尔贝尔(1646～1714),法国经济学家。法国古典政治经济学创始人,重农学派的先驱。他是自由竞争的早期拥护者,他的经济自由思想和重视农业的观点为后来的重农学派所继承和发展。著作有《谷物论》、《法兰西辩护书》、《论财富、货币和赋税的性质》等。

清扫落叶扫出的社会行为主义

社会行为主义是当代美国社会学中的一种激进的自然主义理论。主张社会学应用经验方法测算具体环境对行为的刺激因素,以解释个人的外显行为,然后再将个人行为扩大到人际交换领域,使之成为能解释社会现象的理论。

有个小和尚,每天早上负责清扫寺庙院子里的落叶。

清晨起床扫落叶实在是一件苦差事,尤其在秋冬之际,每一次起风时,树叶总随风飞舞落下。

每天早上都需要花费许多时间才能清扫完树叶,这实在让小和尚头痛不已。他一直想要找个好办法让自己轻松些。

后来有个和尚跟他说:"你在明天打扫之前先用力摇树,把落叶统统摇下来,后天就可以不用扫落叶了。"

小和尚觉得这是个好办法,于是隔天他起了个大早,使劲的猛摇树,这样他就可以把今天跟明天的落叶一次扫干净了。这一天小和尚都非常开心。

第二天,小和尚到院子一看,不禁傻眼了。院子里如往日一样落叶满地。

老和尚走了过来,对小和尚说:"傻孩子,无论你今天怎么用力,明天的落叶还是会飘下来。"

小和尚终于明白了,世上有很多事是无法提前的,唯有认真地做好当下的事情,才是最真实的人生态度。

社会行为主义像这小和尚一样,总想让人通过自身的行动和努力,早一步解决掉明天的社会发展带来的问题。

社会行为主义是当代美国社会学中的一种激进的自然主义理论,又称行为主义社会学。它以英国功利主义经济学的个人主义和自由放任原则以及美国行为主义心理学为理论基础,主张社会学应用经验方法测算具体环境对行为的刺激因素,以解释个人的外显行为,然后再将个人行为扩大到人际交换领域,使之成为能解释社会现象的理论。代表人物有心理学家斯金纳和社会学家霍曼斯。

清扫落叶扫出的社会行为主义

以斯金纳为代表的激进的行为主义为社会行为主义提供了心理学基础和认识论依据。行为主义心理学主张心理学的对象是人的外显行为,认为人的行为与动物行为并无本质差别。斯金纳把研究鸽子和老鼠时获得的实验资料用到对人的研究上,认为个人的外显行为并非对外部刺激的首要反应,而是在外部环境各种刺激因素作用下形成的一种反射的复杂的总和。他认为,人类行为和动物行为都可视为旨在获得报偿和逃避惩罚;人们在互动过程中彼此提供积极或消极的外部因素,从而形成各自的外显行为。这一原理为社会学交换理论奠定了基石。

行为心理学解释,人的行为功利主义经济学把人的行为解释为在成本和利润中选择最合算的行动路线,霍曼斯把两者结合起来,目的在于把对人的行为的心理学解释和经济学解释纳入对社会交换的解释之中。在他看来,社会赞许的社会现象如货币一样可被视为一种报偿,而人所处的从属地位同样也可当作一种成本;而经济学的"报偿"和"成本"概念分别与心理学的"强化"和"惩罚"概念相对应。据此,霍曼斯把社会行为视为一种至少在两个人之间发生的、为获取报偿或付出成本的有形或无形的交换活动,并在此基础上建立他的社会交换理论。

米德认为,不应当用意识的术语来说明人的行为、行动,而是要以行为、行动的术语对意识作出唯一科学的说明。所以,他强调社会心理学所要解决的一个任务,就是要说明意识的发生过程,也就是要说明人"自我"或"自身"怎样在人的行为内部和从人的行为中出现。

社会行为主义从个人主义和客观性出发,目的是在社会学传统中的个人—社会两种研究策略之间架起沟通的桥梁。

小知识

约翰·洛克(1632~1704),英国哲学家、经验主义的开创人,同时也是第一个全面阐述宪政民主思想的人,在哲学以及政治领域都有重要影响。法国后来的启蒙运动乃至法国大革命都与洛克的思想不无关系。著有《论宽容》、《政府论》、《人类理解论》、《关于教育的思想》、《圣经中体现出来的基督教的合理性》等。

气球放飞的形式社会学

社会学是研究人与人之间关系的科学,人与人之间的交互行为构成社会关系与社会结构。社会关系不是社会有机体论所想象的实体或有机整体,而是在时间、空间中变化发展的。

一天,几个城市小孩在公园里玩。这时,一位卖氢气球的老人推着货车进了公园。城市小孩一窝蜂地跑了上去,每人买了一个气球,兴高采烈地追逐着放飞的气球跑开了。城市小孩的身影消失后,一个农村来的小孩怯生生地走到老人的货车旁,用略带恳求的语气问道:"您能卖给我一个气球吗?"

"当然可以,"老人慈祥地打量了他一下,温和地说,"你想要什么颜色的?"

他鼓起勇气说:"我要一个黑色的。"

脸上写满沧桑的老人诧异地看了看这个小孩,随即递给他一个黑色的气球。

他开心地接过气球,小手一松,气球在微风中冉冉升起。

老人一边看着上升的气球,一边用手轻轻地拍了拍他的后脑勺,说:"记住,气球能不能升起,不是因为它的颜色,而是因为气球内充满了氢气。"

内容与形式同等重要,不仅白色气球能飞,黑色气球也能飞,关键看里面是否充有氢气。所以,形式与内容的统一,才能够完整揭示事物的本质。

形式社会学是 19 世纪末形成的社会学的重要派别。主张社会学对社会现象的研究可以集中研究社会关系的形式,而忽略其内容。主要代表人物是德国社会学家滕尼斯、齐美尔和维泽。

滕尼斯提出了"社区"(又译共同体)和"社会"两个概念,认为"社区"是通过血缘、邻里、朋友关系建立起来的人群组合。它由其成员的嗜好、习惯、道德规范、审美价值等本质意志所决定。成员依靠共同的群体意识来保持其亲密的自然关系,而不计较个人的利益。"社会"是靠人的理性权衡即选择意志建立起来的人群组合。它的成员各有其目的,由人的选择意志所决定。"社会"成员因利益不同而决定其分工的差异,他们虽相互依赖,但由于各自的利益冲突而丧失了自然的亲密关系。滕尼斯对"社区"与"社会"这两种社会结构一般形式的分析,树立了社会形式(理想类型)研究的范例。

齐美尔认为,社会学应该脱离社会关系的具体内容,专门研究社会关系的形式或人类交往的形式。社会关系产生于一定的社会条件,社会条件虽有不同,但形式却具有共同性,统治、顺从、竞争、交换、模仿、冲突、协作、分工、隔离、联合、接触、反抗,以及派别的形成、社团的持续、社会分化与整合等都可以看成是社会关系的一般形式。事物的形式与内容结合的密切程度有所不同,人的行为的形式,如交换、个人爱好、模仿等同内容结合密切,变化较快;经济组织与政治活动的形式与内容结合程度较低,其固定性较强,变化较慢;结合最不密切的是仪式形式如节日,经常脱离其原来内容而成为一种抽象形式。

维泽提出了关系社会学。他认为,社会学是研究人与人之间关系的科学,人与人之间的交互行为构成社会关系与社会结构。关系社会学着重于关系的变化,认为社会关系不是社会有机体论所想象的实体或有机整体,而是在时间、空间中变化发展的。变化的过程由人与人之间的联合、接近、适应、同化、调和、分离、竞争、反对和冲突等关系形成;这种人与人的关系的变化也受到人的外在条件的制约。关系社会学考虑到人的行为与外界条件的关系,比较注意实际的社会关系,在一定程度上完善了形式社会学的理论。

形式社会学对以后社会学各学派重视研究人际关系和群体之间关系产生了重要影响。当代的形式社会学已转化为群体网络关系分析的学说,并借用数理统计知识建立起各种严格定量操作的形式模型。

小知识

笛卡尔(1596~1650),法国哲学家、物理学家、数学家、生理学家。解析几何的创始人。17世纪及其后的欧洲哲学界和科学界最有影响的巨匠之一,被誉为"近代科学的始祖"。著有《方法论》、《形而上学的沉思》、《哲学原理》等重要著作。

买鹦鹉解读韦伯的官僚组织理论

官僚组织充分地体现了现代资本主义精神，它所追求的是通过稳定的、有秩序的、分工合作且运作协调的组织体制来谋求效率。所以，效率是官僚制的核心，法治是官僚制的灵魂。

一个人去买鹦鹉，看到一只鹦鹉前标明：此鹦鹉会两门语言，售价二百元。

另一只鹦鹉前则标明：此鹦鹉会四门语言，售价四百元。

该买哪只呢？两只都毛色光鲜，非常灵活可爱。

这人转啊转，拿不定主意。突然发现一只老掉了牙的鹦鹉，毛色暗淡散乱，标价八百元。

这人赶紧将老板叫来：这只鹦鹉是不是会说八门语言？

店主说：不。

这人奇怪了：那为什么又老又丑，又没有能力，会值这个价呢？

店主回答：因为另外两只鹦鹉叫这只鹦鹉老板。

这则小故事道出现代社会普遍的管理方式：官僚组织。仅仅因为那只又老又丑的鹦鹉是管理者，他的价值就翻一番。

有社会组织的地方就有统治和管理，有统治和管理就得有统治的道理，人们服从统治的道理就构成了权威，例如那只老鹦鹉。任何一种组织，都是以某种形式的权威为基础的。权威能消除混乱，带来秩序，实现组织目标，推进社会发展。马克斯·韦伯是对权威进行理论剖析的第一人，他对权威进行了历史的考察，认为正当的（或称为合法的）权威不外乎三种历史形态。即传统权威、魅力权威、法理权威。韦伯认为，组织与权威的关系密切，任何一种形式的组织都以某种形式的权威作为基础，没有权威，组织就失去了其存在的条件，这就是著名的权威理论。

传统型权威：他们所遵从的规则，是社会传统的习俗和惯例，而不是法律制度。传统权威的本质是"顺从"。

魅力型权威：这种权威又可称之为超人权威或神授权威，它建立在非凡人格、英雄气概、创业奇迹的基础上，也就是说它来自于对领袖个人魅力的崇拜。魅力型权威的核心是个人崇拜，这种组织所依赖的往往是某种信仰，而不是强制性因素。

法理型权威:这种权威又可称之为法定权威,建立在相信规章制度和行为规则的合法性基础之上。这种权威下的组织关系是法定的,组织的行为规则体现了理性。所以,它是现代社会最为普遍的权威类型,其他两种权威最终会向这种权威演变。

官僚组织建立在法理权威之上,它的合理性来源于这三个方面:组织的劳动分工体系;调节成员关系和行为的规范秩序;对个人自利追求的激励和制裁体制。

这种组织的形式、结构和运行机制,表现为高度理性化的法律规章和制度体系。官僚组织充分地体现了现代资本主义精神,它所追求的是通过稳定的、有秩序的、分工合作且运作协调的组织体制来谋求效率。所以,效率是官僚制的核心,法治是官僚制的灵魂。韦伯认为,从纯粹技术的角度看,官僚组织能够取得最大效率。而从工具理性角度来说,这种组织是进行社会管理最合理的手段。官僚组织在精确性、稳定性、严格的纪律性、可靠性等方面,比其他组织形式都要优越。资本主义的发展,使大规模社会组织迅速成长起来,官僚组织是人类迄今发现的管理大型组织的最好模式。相对于传统组织和个人崇拜组织来说,官僚组织的实质,就是抛弃人治,实现法治,屏蔽情感,崇尚科学。

官僚组织具有专业化分工、等级制、对法理化规则的遵从、非人格化等特点。

官僚制作为一种理性的和有效率的管理体制,迎合并极大地推动了近代资本主义的工业化进程。一方面,官僚制满足了工业大生产的生产模式和管理复杂化的需要。其在精确性、快捷性、可预期性等方面是其他社会组织形式所无法相比的。另一方面,它以非人格化、制度化的特征而得到科学理性时代的文化认同。

小知识

托马斯·孟(1571~1641),英国晚期重商主义最杰出的代表人物。著有《英国得自对外贸易的财富》,这本被称为"重商主义一部具有划时代的著作"的书,使贸易差额论获得了较为系统的理论形态,被称为"重商主义的圣经","从而直接影响立法",因此极大地影响了政府的农业政策。

流派学说

报纸里的社会传播理论

传播指的是人与人关系赖以成立和发展的机制——包括一切精神象征及其在空间中得到传递、在时间上得到保存的手段。报纸作为新闻的采集者和诠释者,它的作用就是社区的功能的某种发展,这种功能原来是由社区内部的人际交流及街谈巷议来完成的。

1935年的春季,我失业在家。在外面读书看报惯了,忽然想订一份报纸看看。这在当时确实近于一种幻想,因为我的村庄,非常小又非常偏僻,文化教育也很落后。例如,村里虽然有一所小学校,历来就没有想到订一份报纸。村公所就更谈不上了。而且,我想要订的还不是一种小报,是想要订一份大报,当时有名的《大公报》。这种报纸,我们的县城,是否有人订阅,我不敢断言,但我敢说,我们这个区,即子文镇上是没人订阅过的。

我在北京住过,在保定学习过,都是看的《大公报》。现在我失业了,住在一个小村庄,我还想看这份报纸。我认为这是一份严肃的报纸,是一些有学问的、有事业心的、有责任感的人编辑的报纸。

我认为《大公报》上的文章好。我首先,把这个意图和我结婚不久的妻子说了说。以下是我们的对话实录:

"我想订份报纸。""订那个干什么?"
"我在家里闲着很闷,想看看报。""你去订吧。"
"我没有钱。""要多少钱?"
"订一月,要三块钱。""啊?!"
"你能不能借给我三块钱?""你花钱应该向咱爹去要,我哪里来的钱?"

这是孙犁在一篇散文中讲述的有关报纸的故事。报纸在现代信息传播中发挥着重要的作用,而传播的社会学意义不言而喻。

芝加哥学派将传播看做社会得以存在的基础。传播指的是人与人关系赖以成立和发展的机制——包括一切精神象征及其在空间中得到传递、在时间上得到保存的手段。它包括表情、态度和动作、声调、语言、文章、印刷品、铁路、电报以及空间和时间的其他最新成果。作为人类社会组织基础的原则,是包括他人参与在内的交流原则。这一原则要求他人在自我中出现,他人参与自我,通过他人而达到自我意识。这种参与通过人类所能实现的交流而成为可能。传播是一个社会心理过程,凭借这个过程,人们之间的合理的和道德的秩序能够代替单纯心理和本能的秩序。

传播的意义在于,社会作为社会学的核心概念,是由个体之间的传播所构成;所有的人类传播代表着某种交流,这种交流对于所涉及的个体来说具有交互的效果;传播在社会距离不断改变的个体之间发生;人类传播满足某些基本需要,诸如追求收入、教育或其他渴望达到的目标;某些种类的传播随着时间的发展而成为稳定的或固定的,因此,代表着文化和社会结构。

现代社会中,传播的发生一般是由媒体来完成的,媒体在完成传播的过程中必然面临下列问题:媒体内容怎样影响公众意见?大众媒体是怎么被公众意见所影响的?大众媒体是否能够带来社会改变?人际传播是怎样与大众传播进行联系的?

报纸作为新闻的采集者和诠释者,它的作用就是社区的功能的某种发展,这种功能原来是由社区内部的人际交流及街谈巷议来完成的。

社会学关注的问题与报社记者得到大批第一手的问题有关。可以说,一个社会学家只不过是一个更准确的、更负责的和更科学的记者。在指导安德森进行关于流浪汉的研究时,派克说"像一个新闻记者一样,只把你看到、听到和知道的事情写下来"。

小知识

弗里茨·海德(1896~1988),美国社会心理学家、社会心理学归因理论的创始人。所谓归因(attribution)是指人们对已发生事件的原因的推论或知觉。著有《人际关系心理学》、《社会知觉与现象世界的因果关系》。

富人和穷人担心的社会学习论

把认知心理学与行为改变的原理结合起来,阐明人怎样在社会环境中进行学习,从而形成和发展其人格特征的理论,又称造型论。这里的社会环境是指由人提供的功能性刺激,社会学习即是对这种刺激的反应过程。

富人和穷人一起来到牧师面前诉说自己的苦恼。

富人首先说:"尊敬的牧师,我是一个有钱人,我的钱多得几辈子都用不完。也正因为富有,所以我给我的儿子请了最好的老师到家里来教育他,我唯一的希望就是我的儿子能够接管我的事业,将这份庞大的产业继承下去。20多年后的今天,我也快退休了,可是,我却越来越担心我的儿子无法管理好我的产业,因为他害怕面对这个世界,甚至不敢走出自己的书房。现在,我怀疑,是不是我的富有影响了他正常成长。"

穷人接着说:"尊敬的牧师,我是一个穷人,一辈子靠捕鱼为生。因为贫穷,我没钱送我的儿子读书,所以,我十分内疚,于是每次去捕鱼的时候,我都让我的儿子坐在船舱里。我想趁我还年轻,多出点力,让儿子好好休息几年,以后,等我老了,就将这条船交给他。可是,20多年后,我的儿子竟然连网都不会撒。我想,是不是因为我贫穷,对儿子教育不够。"

富人对穷人说:"什么?你的儿子天天跟你去捕鱼,怎么连网都不会撒?难道还锻炼得不够?"穷人也不解地对富人说:"你那么有钱,给儿子请了最好的老师,让他坐在家里就可以上学,难道他所受的教育还不够多吗?"

牧师打断两人的话说:"贫穷和富有都没有错,孩子不怕父母贫穷或者富有,怕的是父母溺爱的心!"

实际上,富人和穷人面对的是同样的问题,就是如何学习的问题。正是看到了学习的力量,所以富人和穷人都在为自己的后代担忧。学习的力量就是人类生存发展的力量,而这种力量的获得,正是在社会的大环境中完成的,它既是心理学的过程,也是社会学的过程。

社会学习论是心理学界行为主义学派的大师——班杜拉提出的社会心理学基础理论,这一理论源于行为主义学派的强化学习理论——本质上说,学习是受到积极强化、消极强化、无强化、惩罚的影响,而改变了行为的发生概率。例如,小孩说真话,就得到了糖果奖励,以后他就会更多地说真话;小孩说谎话,得到了糖果,以后他就会更多地说谎话。

而社会学习论则认为,不仅加诸个体本身的刺激物可以让其获得或失去某种行为,观察别的个体的学习过程也可以获得同样的效果。例如,小孩看到幼儿园老师夸赞彬彬有礼的小朋友,并且给其糖果吃,等到他(她)见到幼儿园老师,也会彬彬有礼。

社会学习论的这个论断,从常识看是走了一小步,从科学看是走了一大步。通过这种理论,行为主义学派的强化理论被用来解释许多社会心理学问题。社会心理学第一次拥有了改造社会的理论。自社会心理学理论出现之后,大量的电视报道、英模报告会便随之出现,社会管理者开始更多地注意示范作用。榜样的教育意义被空前重视起来。

把认知心理学与行为改变的原理结合起来,阐明人怎样在社会环境中学习,从而形成和发展其人格特征的理论,又称造型论。这里的社会环境是指由人提供的功能性刺激,社会学习即是对这种刺激的反应过程。他人的范式,特别是家长、教师、同伴和其他模范人物具有学习模型的作用。研究证明,儿童缺失这种学习将导致顺应不良。美国社会心理学家班杜拉和米切尔、米勒、多拉德和罗特以及斯塔茨等人是提倡这一理论的代表人物。

班杜拉和他的同事们认为,观察学习的机制不能简单地用操作条件作用的原理去解释。他们分析这种学习是由注意过程、保持过程、动作复制过程和动机过程这四个互相关联的过程构成的。

班杜拉等人还用实例和实验阐明认知过程怎样操纵强化作用对控制个人行动的影响,并决定他们如何估量和选择不同的活动或改变他们的自我概念。

社会学习论是分析人的思想和行为的一个理论体系,它是根据认知活动对外界影响的调节去剖析社会行为的学习、动机和强化的,因而被称为一种认知行为论。这个理论对培养人的准确技能、积极态度和良好行为,具有一定的意义。

小知识

戈塞特(1876~1937),英国数学家、统计学家。英国现代统计方法发展的先驱,小样本统计理论的开创者。由他导出的统计学 T 检验广泛运用于小样本平均数之间的差别测试。著有《平均数的规律误差》等。

地主眼里的城市社会学

人口数量多、人口密度高和人口异质性大是城市的三个基本特质,城市居民其他的社会心理特征和生活方式的特点都是由这三个特质决定的。

以前,有个地主有很多地,找了很多长工干活,地主给长工们盖了一批宿舍楼住着。一天,地主的谋士对地主说:东家,长工们这几年手上有点钱了,他们住你的房子,每月交租子,不划算,反正他们永远住下去,你干脆把房子卖给他们吧,名字就叫公房出售!告诉他们房子永远归他们了,可以把他们这几年攒的钱收回来。地主说:不错,那租金怎么办?谋士说:照收不误,叫物业费!地主很快实行了,赚了好多钱,长工们那个高兴啊!

过了几年,地主的村子发展成城镇了,有钱人越来越多,没地方住,谋士对地主说:东家,长工们这几年手上又有钱了,咱们给他们盖新房子,名义叫做旧城改造,他们把手上的钱给我们,我们拆了房子盖新的,叫他们再买回去,可以多盖一些卖给别人。地主又实行了,这次,有些长工们不高兴了,地主的家丁派上用途了,长工们打掉牙只好往肚子里咽,地主又赚了好多钱。

又过了几年,地主的村子发展成大城市了,有钱人更多了,地主的土地更值钱了,谋士对地主说:东家,咱们把这些长工的房子拆了,在这个地方建别墅,拆出来的地盖好房子卖给那些有钱的大款还能赚一笔。地主说:长工们不干怎么办?谋士说:咱给他们钱多点儿,名义叫货币化安置,咱再到咱们的猪圈旁边建房子,名义叫经济适用房,给他们修个马车道让他们到那边买房住。地主说:他们钱不够怎么办?谋士说:从咱家的钱庄借前给他们,一年6分利,咱这钱还能生钱崽,又没风险。地主又实行了,长工们拿到钱,地主的经济适用房到现在才建了一间,长工们只好排队等房子,直到现在,还等着呢。

沃思给城市下的定义是"为了社会学的目的,一个城市可以阐释为大量异质性居民聚居的永久性居民点"。他把城市特有的生活方式叫做城市性,人口数量、人口密度和人口异质性这三个要素之间的相互作用形成了城市性。所谓城市性就是"指社会活动的形式和在由众多异质的个人组成的相对稳定的聚居地中出现的组织"。

城市的第一个特点是人口数量多。这一特点对城市产生的影响是，城市居民在想到别人时，不是想到他是谁，而是想到他的职业，即城市居民是根据对方能够为自己做些什么来认识对方的。这表明联结城市的纽带已经变成了一种相互利用的关系。最后，即使城市中建立了正式的社会控制机构和职业行为准则，大量人口的存在仍然使城市具有分散和混乱的可能性。

人口密度高是城市的第二个特点。稠密的城市人口已经对城市生活产生了种种影响。高密度的人口使市民们被迫在空间上彼此接近，这种身体的接近必然扩大他们之间在心理方面的距离；并且城市居民有按照规范和惯例思维的倾向，因而人们之间的关系比较冷漠。同时，彼此异质的居民的相互接近提高了城市居民们容忍差异的能力。沃思还指出，密度过高的人口"会造成摩擦或冲突"，从而使反社会行为增加。

城市的第三个特点是人口异质性大。在城市环境中，各种不同个性特征的人们之间的社会交往，将打破顽固不化的等级界限，并使阶级结构更加复杂化，也就是说，人口异质性的增大使城市中的门第观念日益淡薄，个人奋斗的作用增加，这就将导致城市中社会流动的增强，从而使阶级结构更加复杂化。大多数城市居民不是房产拥有者，频繁变动的住处不会产生有约束力的传统情感。也就是说，城市居民对自己的住所较少眷恋，邻里之间的关系也比较淡漠。再次，作为交换的媒介，货币在彼此异质的城市居民中占据了非常重要的地位。

因此，沃思把城市描述为"金钱交易的场所"。

社会学的想象力

　　社会学是一种让每个人都发挥自己"社会学想象力"的、在一些基本概念和视角之下思维发散的学科,因此,社会学的研究成果没有单线条式的积累,有的是兼容并包的、甚至是相互冲突的视角之间的讨论与对话。

　　一位放羊的牧民注意到这样一个现象:他的羊群在食用了野生咖啡树上的果实之后变得格外亢奋。出于好奇,他也尝了尝咖啡果。一尝之后,由于咖啡豆的作用,他也像那些乱撞乱跳的山羊一样,开始手舞足蹈起来。发生在牧民身上的这一幕,恰恰被一群僧侣撞个正着。于是,每当有必要在夜间举行宗教仪式时,这些僧侣都用咖啡豆煮成汤水喝下,用这种方法来使自己保持清醒。

　　从故事中不难看出,咖啡之所以被人们所推崇,是因为饮用咖啡能带给人们某种神奇的力量。社会学研究同样如此,它要借助的神奇力量就是在社会生活激发出无穷的想象力。

　　仅仅依靠哲学的思维,很难对新出现的社会现象进行解释,也很难对新出现的社会问题提出解决之道,而必须面对现实社会、对社会本身进行研究,从社会中寻找答案。基于此,社会学是工业社会的学问,是工业社会的经世致用之学。

　　社会学是一种让每个人都发挥自己"社会学想象力"的、在一些基本概念和视角之下思维发散的学科,因此,社会学的研究成果没有单线条式的积累,有的是兼容并包的、甚至是相互冲突的视角之间的讨论与对话。

　　什么是社会学的想象力呢?米尔斯在《社会学的想象力》中指出,社会学的想象力是一种心智的品格,这种品格可以帮助人们利用信息增进理性,从而使他们看清世事,即"个人只有通过置身于所处的时代之中,才能够理解他们自己的经历,并把握自身的命运,他只有变得知晓他所身处的环境中所有个人的生活机遇,才能明了他自己的生活机遇"。因此,具有社会学想象力的人能够看清更广阔的历史舞台,发现现代社会的构架,通过这种想象力,个体性的焦虑不安就体现为明确的社会性困扰,公众再不漠然,而是参与到这样的公共论题中。吉登斯在谈到社会学的想象力的时候,曾经举了一个喝咖啡的例子。一个在人们日常生活中再普通不过的行为,社会学能够对它说什么呢?

　　首先,咖啡并不只是一种让人精神焕发的东西。作为日常社会活动的一部分,咖啡还具有象征价值。有时候,与喝咖啡相关的仪式比喝(消费活动)更为重要。

第二,咖啡含有咖啡因,而咖啡因是一种兴奋剂,人们并不把嗜好喝咖啡的人看成是吸毒的人。但是,如果你只是要咖啡因(吸毒),情况就不同了,大多数社会并不容许人们吸毒。不过,也有社会容许消费大麻甚至可卡因,但却反对消费咖啡。为什么这样呢?这是社会学家有兴趣探讨的问题。

第三,喝一杯咖啡使一个人卷入到了全球一系列复杂的社会与经济关系中。咖啡生产地大多数是贫穷国家,而消费地大多数在一些富裕国家。在国际贸易中,咖啡是仅次于石油的最有价值的商品,是许多国家最大的外汇来源。咖啡的生产、加工、运输和销售,为许多人提供了就业机会,也为国家之间的交往提供了机会。研究这种全球化的贸易,也是社会学的一项重要任务。

第四,正因为如此,咖啡也变成了一种政治。由于咖啡的种植已经十分普及,已变得"品牌化",而喝什么样的咖啡就变成了消费者对生活方式的选择,譬如纯天然的咖啡、无咖啡因的咖啡和"公平贸易"咖啡等等。对于这样的现象,社会学家也有兴趣,譬如全球化让人们关注遥远的事物,如何产生对新事物的认知?

第五,喝一杯咖啡的行动隐含了某种社会和经济发展史。虽然咖啡源于中东,西方人对咖啡的消费是殖民扩张时期才开始的,那么,西方人到底怎样看待咖啡?过去和今天的看法有什么不同?咖啡与世界贸易的发展有着怎样的关系?这也是社会学家感兴趣的问题。

总之,社会学的想象力使我们看到,一些看起来是个体的事情,当把他放到一定的社会经济背景中去的时候,却成为社会的现象。在这一点上,米尔斯的"社会学想象力"与涂尔干的"社会事实"有异曲同工之妙。是否自杀、如何自杀、什么时候自杀和在哪里自杀都是个体的事情,但是,把个体的自杀行为放到一定的社会经济背景中讨论,就具有了更加广泛的意义,就变成了一个公共议题。

小知识

切斯特·巴纳德(1886~1961)是西方现代管理理论社会系统学派的创始人。他在组织管理问题上的贡献和影响,可能比管理思想发展过程中的任何人都更为重要。管理学界几乎一致认为:巴纳德关于组织理论的探讨,至今无人超越,西方管理学界称他是现代管理理论的奠基人。著有《经理人员的职能》、《组织与管理》等。